阅读成就思想……

Read to Achieve

亲密关系与家庭治疗系列

成长型亲密关系
爱商自助训练

于际敬 张万里 ◎ 著

中国人民大学出版社
·北京·

图书在版编目（CIP）数据

成长型亲密关系：爱商自助训练 / 于际敬，张万里著. -- 北京：中国人民大学出版社，2024.1
ISBN 978-7-300-32385-5

Ⅰ.①成… Ⅱ.①于… ②张… Ⅲ.①恋爱心理学—通俗读物 Ⅳ.①C913.1-49

中国国家版本馆CIP数据核字(2023)第232119号

成长型亲密关系：爱商自助训练
于际敬　张万里　著
CHENGZHANGXING QINMI GUANXI：AISHANG ZIZHU XUNLIAN

出版发行	中国人民大学出版社		
社　　址	北京中关村大街31号	邮政编码	100080
电　　话	010-62511242（总编室）	010-62511770（质管部）	
	010-82501766（邮购部）	010-62514148（门市部）	
	010-62515195（发行公司）	010-62515275（盗版举报）	
网　　址	http://www.crup.com.cn		
经　　销	新华书店		
印　　刷	天津中印联印务有限公司		
开　　本	890 mm×1240 mm　1/32	版　次	2024年1月第1版
印　　张	8.375　插页1	印　次	2024年1月第1次印刷
字　　数	100 000	定　价	65.00元

版权所有　　侵权必究　　印装差错　　负责调换

推荐序

赵 川

著名主持人，情感专家

小于老师又出书了，对很多有情感交流障碍的朋友来说，是件大喜事。

之所以称于际敬老师为小于老师，是因为在天津卫视《爱情保卫战》节目的情感导师团中还有一位老俞老师。老俞——俞柏鸿老师是一位资深的新闻评论人，更是一位漫画家。老俞和小于两位老师组成的《爱情保卫战》节目情感导师团，是擅长描摹情侣人物心理画像和关系本质的奇特组合。画界有言："画鬼魅易，画人难。"鬼魅可以凭空画就，画人画出神韵那就要见功夫了。新闻评论要依据事实，评述事件本质；漫画家要观察人物，放大人物特点。老俞老师承担了道破人物冲突本质的活，而小于老师要做的就是要更深入一步发掘人物的心理动因、形成模式并给予解决方案。看似几分钟的点评，背后的积累怎一个"厚"字了得？

初见际敬，还是在13年前的一个深秋，天津卫视1500平方米的录影棚，一位清瘦沉稳、自信又有点紧张的年轻男子，在与我简单的寒暄后说了一句"心理分析，我绝对专业"。我随声附和："是，您是节目里唯一的临床心理大夫，您不专业，谁……"话未说完，这位由里而外透着自信的男人不安地抢了一句："专业是专业，和其他老师比，我的表现形式不知道符不符合电视台的要求。川哥，您发现我有什么不妥的跟我说哈，我及时调整。"从自信地称自己绝对专业到人情世故地拜托一句，我的内心反倒不淡定了，心想"做学问的人一沾名利就俗，还是来电视台镀金的，不过是为了名利而已"。原来出于对他专业的敬重之心，反倒少了几分。后来节目录多了，接触多了，才发现这并非一个油腻世故之人，倒是我戴着有色眼镜看他了。要说他是真专业，但真的不符合电视传播的语言特性。交流多了，节目上多了，绝对的专业背景让他的点评在平静中彰显出了难得的力量和色彩。一次酒后方知，上节目前，他一堂45分钟的心理课就收费不菲，一年这样的课程排得满满当当。从经济收入的角度来讲，录节目于他而言，不过是帮忙而已，我对他追名逐利的想法自然也就消失了，在心理上与他的距离越拉越近。

短短半年,《爱情保卫战》节目成为电视屏幕上的宠儿,而际敬上节目的次数却明显减少了,讲课、出书、线下心理咨询再一次回归到他的生活中。与他聊起原委,他平静地说:"我上节目就是科普和推广一下应用心理学,节目上多了,做学问的时间自然就少了,于我于节目都没什么好处。"工作上的接触少了,私下的交往时间反倒多了,越是了解他,我就越发觉他单纯、固执得可爱。

2018年前后,际敬的父亲被查出癌症晚期,被告知时日不多,原来就清瘦的他越发消瘦,其间我们的交往多限于微信上的问候和录影时的寒暄。直到2022年初夏,我因故在天津多待了几日,际敬知晓后,邀我到他天津的调理中心小聚,我有幸见到了几年前被医生宣布时日不多的于叔叔。老人家神采奕奕,亲自下厨为我俩烹炒了几道美味的下酒菜。一顿小酒下来,际敬这几年的经历让我心生一种敬重之意。

际敬得知父亲时日不多的消息后,总觉得自己尽孝不够,学医的他要为父亲逆天改命。固执的特性从他的心底被激发了出来。他开始大量阅读相关文献,走访各地名医,自创了一套中西医结合、土法洋法搭配使用的癌症康复方法。他不但调理好了自己父亲的身体状态，还帮助他在医学院的老师走出了癌症的阴霾。这一两年，每当我们周边的朋友遇到癌症和其他疑难疾病的困扰，万般无奈之下求助际敬时多见奇效。朋友圈里一位心理医生反倒成了"治癌"的大神。

际敬请我为书作序，我却离题千里，不知他看此是否有啼笑皆非的感受。书，我是从第 1 章到第 6 章一口气都认真读完了，专业性我不敢妄加评判，但作为读者受益良多，且内容的表现形式新颖，只要通过诵读就可以疗愈情感，促进亲密关系，简单而快捷。之所以对书不谈太多，是深感能力有限，无从评判，倒不如向读者介绍一下此书作者的生活点滴，管中窥豹，换一个阅读的角度。在亲密关系中，绝不可自欺，也不要糊弄自己，要永远真诚待己，清楚自己到底为何种人，到底有着什么样的癖好，拥有什么样的想法，会做出何种类型的反应。倘若你无法了解自己，就不可能感知爱，因此了解自己是爱和被爱的首要条件。一个连自己都不清楚的人，又何谈了解别人。

在我眼中，际敬写《成长型亲密关系》一书的目的就是让读者通过 36 项自助练习，逐步提高爱商，从而构建幸福的亲密关系。特此，向更多的读者推荐本书，让更多的人受益。

/ **前言** /

我是一名临床心理医生，20世纪90年代医学心理学专业（在那个时代也算是少有的专业）毕业。作为一名心理治疗师，婚恋关系和亲子关系是我咨询治疗的主要范围。到目前，我已积累了20多年的心理咨询经验，经历了上万个案例，对婚恋和亲密关系有了一些自己的独特见解。2010年，天津卫视一档情感调解类节目开播，我很荣幸地作为首期情感导师对节目中的情侣进行心理调节和提供建议，这一干就是十几年，一直活跃在国内几档情感节目中，并收获了一些知名度，现在我想通过这本书分享一些亲密关系的相处之道。

通过20多年的婚恋心理咨询我发现，来访者真正能够正视自己内心的并不多，来告状的反而很多。他们向我控诉着自己的伴侣有什么问题、有什么缺点、不应该这样做、不应该那样做，总之把所有的问题都归咎在对方身上。他们不知道怎样去经营亲密关系，说白了就是爱无能。因为缺乏爱的这种能力,很多一开始很相爱的两个人,最后还是把日子过得一地鸡毛。开车需要驾驶能力,游泳需要游泳能力,做生意需要经商能力,当然亲密关系也需要爱的能力。

如果爱商不够,就像"爱情"的"爱"出了问题,"情"还能好吗?如果剩下的只是滥情和坏情了,不好的事情和心情就会找上门,自然亲密关系就会翻车。究其根本原因,不是车出了问题,更不是伴侣出了问题,而是驾驭亲密关系的爱的能力不够。

爱上一个人不难,难的是如何跟相爱的人相处。爱是一门学问,并非人人天生就会,也是需要后天学习的。大多数人在原生家庭里,并没有从父母那里学会如何去爱,长大后还是不知道怎么去爱别人。

我对自己 20 多年婚恋咨询案例的经验进行了总结,并结合认知心理学、自我催眠和中华优秀传统文化等,开发了一套六阶段共 36 项爱的能力自助训练方法——亲密关系自救心法,涉及自我觉察、自我修炼、关系修复、关系互动、爱情保鲜、影响对方六大层面的爱的能力提升练习。亲密关系自救心法看似不谈事情细节,但都是在事情的底层逻辑上进行矫正,以应对亲密关系中因沟通不畅、家务分工出现分歧、财务困境、情感平淡、误解、存有怨恨情绪、不忠与欺骗、家暴等造成的诸多问题。亲密关系自救心法属于自助心理训练形式，也是一种健心法，其效果的好坏主要取决于练习的时间和频率。勤于练习，方得更多收获。

这套亲密关系心理自助训练并不是为了出书而写，而是我应用多年的学员教材，原本属于我的"一念心转健心法"的一个分支系列，已经帮助了很多人快速走出亲密关系的困境。一个偶然的机会被心理学同行张万里老师发现。张万里老师是资深的心理专家，他认为这样的心理训练形式很新颖，便于大众普及，而且门槛很低。有情感问题的人可以通过自我学习解决问题，没有情感问题的人还可以预防问题。张老师希望能让更多人受益，于是鼓励我出书，惠及大众。在张万里的帮助下，我们共同优化内容，精益求精，最终完成本书。

下面，我们提炼了进行亲密关系自救心法练习的要点。

- 每项爱的练习至少一天一练，每天练习不少于 15 分钟，可以集中练习，也可以分次练习，当然练习越多效果越好。

VIII / 成长型亲密关系

- 练习的时间是灵活的，任何空闲时间都可随时进行，如早上醒来 10 分钟、饭后 3 ~ 5 分钟、上下班路上等。把练习融入点滴的生活中，练习者才不会感到枯燥和疲倦。

- 不要同时进行多项爱的练习，按要求一项一项地练习。

- 练习形式是灵活的，练习者可以在心中默念，也可诵读出来，为了取得最好的效果，建议有感情地诵读出来，但不要对字面的意思进行深度思考，只是放松地练习即可，速度稍放慢。可以根据当时的环境情况，依自己的感受，选择用默念或朗诵式的练习。

- 不要擅自更改句子的内容，只需用简单的心重复诵读练习即可。

- 诵读之前一定放松身心。诵读之后闭眼几分钟，依然在放松状态下，觉察身心内在的微妙感受和变化，将诵读的内容内化到潜意识里。

- 诵读之后一定要写感悟心得，读是输入信息的过程，写感悟心得是输出信息的过程。只播种不收割，将一事无成。心念变化转瞬即逝，时时记录则便于强化，快速提升自己的心念维度。

- 练习期间往往会伴随着情绪的起伏，对我们而言，这种变化看似时好时坏，但这就是疗愈的必然过程，都是内在的一次释放和调整。

- 在练习过程中，出现任何对练习内容的批判、对立的想法，这是很正常的反应，当然也体现了自身和内容之间的距离，因此我们才需要练习。

- 专注地投入练习当然是好的，如果出现了不在状态的情况，也不要去强迫自己投入某种练习状态，当下是什么样的状态就是什么样的，即便是有口无心或是机械式的练习也都会有效果。当然，如果觉得当下很不情愿练习或者不舒服，可以换个时间练习，不必过于强求。

- 练习的各部分主题是一个整体，包括了亲密关系的方方面面，所有内容和结构顺序都是精心安排设计的，并且也是经过实际效果验证的，所以为了取得更好的训练效果，建议从头到尾、循序渐进地练习，不要跳跃式练习。

- 我们可以对有感觉的内容加强练习，但对于那些没有明显感觉的内容也同样要进行练习。即使你觉得某些内容不符合你的情况，或是你认为没有对应的问题，也同样要练习。

- 对于感觉不符合自己的或没有感觉的内容，你也要尽可能地练习，但可以在练习的强度上适度减少，你所排斥的兴许恰恰就是问题症结所在。

- 在练习期间，尽可能不去和他人探讨这个练习，这是一种自我保护，以免被他人影响。

- 当所有内容练习做完了，如果你想对某些内容再加深记忆，那么你可以依自己的感受继续练习。随着不断的练习，内容就会内化到自己的潜意识里，变成自己的思维模式。

这套练习方法的目的不只是消除抑郁、焦虑等症状，更是不断地培养平常心以及不纠缠和不执着的心；可以让我们以顺其自然的心态面对亲密关系的盛衰起伏、潮起潮落，不会再像过去那样不断地打结、纠缠。当我们越具有平常心，生活中就越会拥有快乐和自在。最好的状态就是让练习融入我们的日常生活中，这不仅能够解决当下的亲密关系问题，还能预防问题，远离冲突。

已婚或未婚、出现问题还是没有问题的亲密关系中的伴侣都适合练习。已婚的你在认真练习一段日子之后会发现，一旦自己的心改变了，家中的先生或妻子就会逐渐变成自己的理想伴侣；未婚的你也会发现，你人生中的理想伴侣就在你的身边。不是亲密关系出现了问题我们才去练习，而是要像开展健身运动一样，平时多加训练。这本书就像爱的"健心房"，能换来长久的爱情健康。

只要自己改变，亲密关系就会改变；想要找到理想伴侣，自己就要先成为理想伴侣。

于际敬

/ 目录 /

第 1 章
自我觉察

01　我看见了彼此 / 3
02　批评指责的觉察 / 9
03　放下斤斤计较 / 15
04　生气的觉察 / 21
05　看透关系 / 27
06　内观提升 / 33

第 2 章
自我修炼

07　发展自我 / 45
08　疗愈自我，重新出发 / 51
09　关照自我，守住定力 / 58
10　接纳我的不完美 / 64
11　无条件地爱自己 / 72
12　独立的开心能力 / 78

第 3 章
关系修复

13 自我改变 / 87

14 我接纳你 / 91

15 强大内心，随遇而安 / 98

16 宽恕与真爱 / 106

17 接纳不确定性 / 113

18 放下控制 / 120

第 4 章
关系互动

19 聆听内心的需求 / 131

20 我尊重我自己 / 136

21 做好自己 / 143

22 尊重彼此的心理界限 / 149

23 尊重差异 / 155

24 搁置评判，多视角看你 / 163

第 5 章
爱情保鲜

25　用心聆听你 / 175

26　我懂你 / 181

27　坚守我的心理界限 / 188

28　过探险的人生 / 193

29　我不需要改变你 / 198

30　提升浪漫的力量 / 203

第 6 章
影响对方

31　我允许一切的发生 / 213

32　我尊重你 / 220

33　与自我和谐共处 / 225

34　对自己的快乐负责 / 232

35　敢于信任 / 239

36　爱情宣言 / 245

第 1 章

自我觉察

01 我看见了彼此

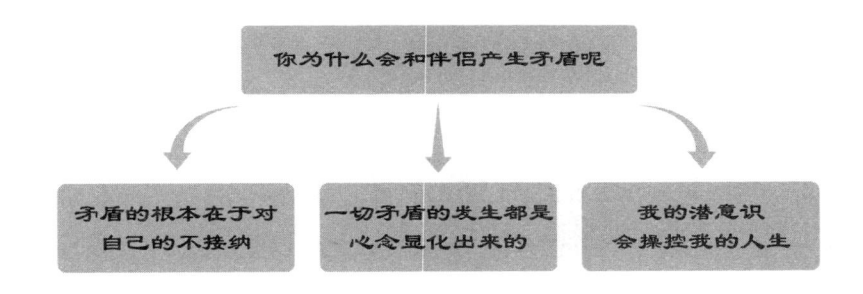

```
          你为什么会和伴侣产生矛盾呢
         ↙              ↓              ↘
  矛盾的根本在于对   一切矛盾的发生都是   我的潜意识
    自己的不接纳     心念显化出来的     会操控我的人生
```

[说明部分]

觉察力是一种看见的能力，没有看见就没有深度了解，更谈不上如何解决。

朗达·拜恩（Rhonda Byrne）曾经在《力量》（*The Power*）一书中写道："每个人身边都有一个磁场环绕，无论你在何处，磁场都会跟随着你。而你的磁场，同时也会吸引着磁场相同的人。"

爱情是彼此的投射。在爱的旅程里，会遇见谁、会吸引谁，都是一路走来形成的观念所致。其实，我们最终修行的都是自己。我们在对方身上照见一个不了解的自己——潜意识里的自己，或者说是一直想成为的自己，所以有了欣赏，有了心疼，有了宽容，有了慈悲。

在此过程里的担心和笃定、勇敢和害怕、平和与烦恼、快乐与忧伤都是彼此成长修行里的照见，要想照见自己的起心动念的因和其最终可能结成的果，觉察力是一个智慧凝练过程的基础和起点。

我们要不断地觉察，觉察自己，觉察他人。就像照镜子一样，不参与，不评论，只是看见。当我们可以看见自己的心念和情绪时，便可进行感知。洞悉事情的起源、心念，而后开启自己的内在智慧。

在亲密关系里，多一点点对所爱之人的照见，我们也就更能够觉知自己，从而提升智慧，彼此成长，彼此成全。用智慧经营爱情，向阳而生，遇见更好的彼此。

觉察是为了更好地看见，看见彼此，洞悉自己。

[诵读训练]

◇ **爱情是我们彼此的投射**

- 万物皆有因果，我是因，我也是果；你是因，你也是果；我在终点，我也在起点；你在终点，你也在起点。

- 我是什么样的人，就会遇见什么样的你；你是什么样的人，就会遇见什么样的我。

- 我爱的人，常常也是给我制造痛苦的人；我喜欢的人，常常也是给我带来烦恼的人；表象不同，因果的投射相同。

- 我们的关系是由我们彼此投射出来的，外在一切的发生都是通过我们的心念显化出来的；你是我的投影，照出我自身未曾觉察的内在潜意识。

◇ **通过你，我看到了另一面的我自己**

- 我所有的感受都是我自身参与后的结果；我喜欢的是我自己，我不喜欢的也是我自己。

- 在我书写的人生剧本里，我爱的、我恨的，其实都是我自己而已。

- 通过你，我看到了另一面的我自己。

- 常常给我带来烦恼的人，投射的是我的怨恨心理。

- 常常给我制造痛苦的人，投射的是我的不愿接纳。

◇ **我看见了我的潜意识**

- 在我们的互动关系中，我将自我从心智中分离出来；当我作为被观察的对象时，我能够辨别和了解我自己的感觉、心念、目标和行为。

- 我的潜意识在暗箱操纵我的人生，进而形成我的命运。除非我能意识到我的这些潜意识，命运才有可能发生改变。

- 意识到我的潜意识就是自我觉察，而自我觉察是自我成长的第一步。

- 觉察的关键就是"照镜子"，看见我的觉知，而不参与，只是看见。

◇ 我看见了我们的心念

- 不怕念起，就怕觉迟。

- 我发现，觉察能够唤醒我们内在智慧的力量。

- 在我们的互动关系中，我尝试去觉察我们内在的一切、聆听我们内在的声音、觉察每一个起心动念。我为何心痛？你为何烦恼？我为何害怕？你为何担心？我为何生气？

- 我时时觉察升起的各种念头或感觉，我仔细看着它，观察这些心念，不断地问自己为何会生出这些想法？

- 我将洞察这些想法与念头，其背后都隐藏着我们的内在智慧。

- 我看见彼此，我去唤醒这些内在的智慧。

- 时时自我觉察是反省自我的必备神器，时时觉察彼此也是解决问题的关键。

- 我看到发生的一切事情，第一时间觉察，第二时间反求诸己，为什么我会遇到这样的事情，是什么样的因缘、什么样的心念促成了这件事；我去觉察我自己的那个心念，把那个心念进行梳理，一念心转，向阳而生，我自己内在的障碍就移除了，遇见你，也就遇见了更好的我自己。

02 批评指责的觉察

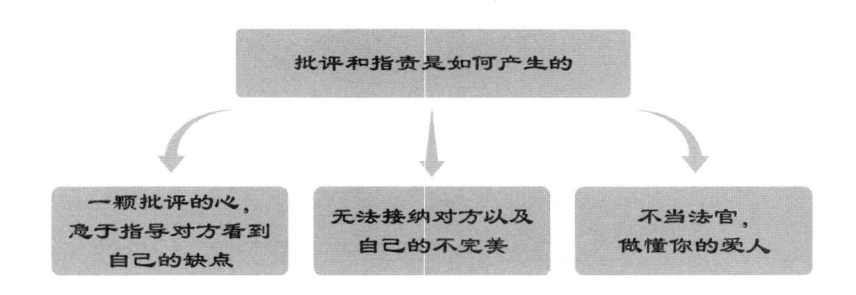

```
        批评和指责是如何产生的
       ↙          ↓          ↘
一颗批评的心,  无法接纳对方以及  不当法官,
急于指导对方看到  自己的不完美    做懂你的爱人
   自己的缺点
```

[说明部分]

当我们指责他人的时候,其实很多情况下就是想表现自己的法官思维,"看,你犯错了,而我没有犯错",心理上就处于有理的一方。或者,"你怎么连这种错误都犯呢",隐藏在背后的想法是你不如我。很多时候,我们通过贬低他人来满足自己所谓的优越感,而被指责的一方本能地就会去反击你的指责。当我们静下心来去觉察他的行为,就会发现他在努力地保护自己的形象。

而当别人指责我们的时候，我们会很伤心，甚至会很恼怒，不理解对方为什么要这么指责我。为了挽回面子，我们会找各种借口来掩饰，甚至会反过来去指责对方以转移注意力。这些行为都是在努力地保护我们自己的形象，同时也折射了我们内心的脆弱和恐惧，以及我们对自己的缺点和对不完美的自己的不接纳。

在亲密关系里，当一方批评、指责另一方时，爱不见了，双方感受到的只是自身的不满足和伤痛，然后投射成彼此的批评与指责。批评与指责是一种暴力的沟通，它让人们远离了爱，陷入彼此伤害的旋涡里。

在亲密关系里，发生的所有好的、坏的事情，不是一个人的责任，而是彼此共同的担负。当我们放下评判，放下批评与指责，多多地去觉察自己和对方时，很多的矛盾就会被化解，而我们自己也将走在成长的道路上。

[诵读训练]

◇ 当我批评、指责你时

- 我经常扮演法官,并且判你有罪,判我自己无罪。

- 我需要时时检视我自己内心的动机,我只是想表现自己,还是意图否定你?

- 我是否初心至善?这样的方式是否有利于事态的发展?还是只为宣泄我自己的情绪?

- 现在我意识到,只有真正懂得去尊重你的时候,我的批评才会有利于事情的发展。

- 我需要扪心自问:"我的帮助对你有用吗?我的介入是在帮助你还是在伤害你?"从中我也会看到我自己的潜意识:原来我是在攻击你,我是在指责你。

- 我相信,唯有真正地尊重你、肯定你是有能力的,你才能从中获得滋养的力量。

◇ 批评、指责是一种排斥力

- 起心动念的是我，我也是那个批评的一部分，反作用力也会波及我自己。批评你时，其实我的内在也有一颗批评的心。

- 我会反问："在指责你时，我觉察我批评的心是什么呢？从这当中我看到了我自己有什么样的深层意图呢？我体会自己当下有何感受呢？"

- 从中我将体悟到，原来我只是急于引导你去看到你的缺点。

- 我能看见你在努力保护你自己、维护你自己的形象；我可以理解你的脆弱和恐惧，我可以接纳你的不够完美；当我了然于胸，我不再任意批判和攻击你！

◇ 当你批评我、指责我时

- 我可以深深地感受到你的愤怒。

- 我谦虚地告诉自己："千万不要试图去证明谁对谁错，

我尝试从对错的逻辑里走出来。"

- 我能看见自己在努力自我保护、维护自己的形象。

- 我可以理解我的脆弱和恐惧，我可以接纳我的不够完美；我可以不断地告诉自己"不要去证明你我的对与错"。

- 我可以做到的是，感受自己的感受，接受与领悟感受背后的积极意义。

- 就像一天三餐一样，我每天都需要抽出时间去练习自我觉察。

◇ **我理解你了**

- 此时我打开自己柔软的心，尝试觉察你的心；我感同身受地去了解你愤怒的情绪和无名的恐惧，我去觉察你背后的真正需求是什么。

- 通过觉察，我才真正地明白在你批评与指责背后的真正需求是什么。

- 亲爱的，我懂你了，你的愤怒告诉我，你也不开心了。

- 你不是有意的，你也难以走出那个心灵困境。

- 我要学着"以恕己之心恕人，以责人之心责己"。

- 亲爱的，我不是法官，我是懂你的爱人。

- 亲爱的，我不是看客，我是懂你的爱人。

- 亲爱的，我放下攻击的指责，我们多聊聊彼此的心情吧。

- 亲爱的，我放下对错的批评，我们多聊聊我们的未来吧。

03 放下斤斤计较

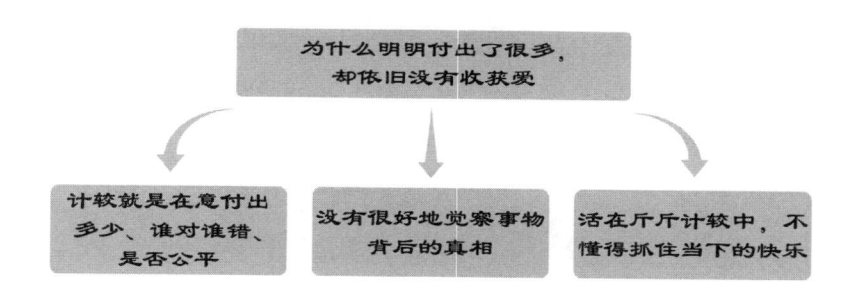

```
         为什么明明付出了很多，
          却依旧没有收获爱
    ↙           ↓            ↘
计较就是在意付出   没有很好地觉察事物   活在斤斤计较中，不
多少、谁对谁错、      背后的真相      懂得抓住当下的快乐
是否公平
```

[说明部分]

计较是算计，是患得患失；计较是一种精神的内耗，它影响你的情绪，消耗你的时间和能量，让你在纠缠中打转，阻碍你格局的升华。

人越计较，就越会充满负面情绪，看待事物也往往有数不清的抱怨，而且往往只能看到坏的一面。这样的人生充满了灰色，又怎能不苦。越是计较，你人生的路也就越来越窄。

不管我们怎么努力地计较，我们都不能得到计较以外的东西。

人之所以不够快乐，不是得到的太少，而是计较得太多。心小了，所有的小事就大了；而心大了，所有的大事都小了。当你放下斤斤计较，把心放宽广一些后，你会发现得到的要比失去的多。

在亲密关系中，每个人都更容易记住自己的付出，而忘了对方的付出，所以常常想当然地去比较、去衡量，然后失衡与争吵接踵而来。而在事实的真相中，计较在爱充盈时不值得一提或者从未出现，而在爱匮乏时会频频出现。

去觉察爱情中的计较心，你到底需求什么？需求背后又是什么深层次的原因在涌动？慢慢地，我们就会跳出计较的纷扰与纠结。

［诵读训练］

◇ 当我与你相互比较时

- 我先让那个爱比较的自我抽离出来，去觉察我内在的心念。

- 我以为我是对的，其实我是在计较；我以为我为了公平，其实我是在计较；我以为我付出了，其实我是在计较。

◇ **对计较的觉察**

- 一个结果是我"赢"了，自认为得到的比较多。

- 在此结果下我还需要洞察到：拉长镜头，从长计议，同时我又输了什么呢？今后我还将会继续失去什么？

- 另一个结果是我"退让"了，失去了一些东西，在此结果下我能够洞察到：今后我将会得到什么呢？

- 在一得一失的情况下，我能否更客观地觉察到，其实这个世界中的一切都是平衡的，得与失永远是可以相互转化的。

- 短暂的获得，我不必惊喜；短暂的失去，我也不必气馁。

- 在亲密关系中，得与失的转化一直都在发生，所以我何须浪费时间、精力去斤斤计较或比较呢。

- 我们的余生不长，多找寻快乐，紧紧地抓住快乐吧！

◇ 我看到了我的战斗意识

- 我好好地问自己："我在计较什么呢？"

- 我反复地问自己："我在害怕失去什么呢？我能得到什么呢？我在贪念什么呢？我在执念什么呢？"

- 计较得与失不是快乐的关键，放下才是。

- 我如实地发现，只要去除我自己的贪念和执念，我就将得到更多的快乐。

- 我觉察到，我在看这个不好、看那个不顺眼，我在计较这个、计较那个。

- 通过觉察我看到了，我爱与你较劲，我看到了我的小心眼，我看到了我自己的战斗意识。

- 我愿意此刻让自己抽离于事情之外，以旁观者的身份和角度去看。

- 我站高一些，使我的视角更加广阔，使我的觉察更加准确。

- 当自我觉察成为我生命中的一部分时，我就会远离痛苦和烦恼。

- 一旦学会自我觉察，无须与你争斗，我更容易得到我想要的结果。

- 自我觉察只是向内求，即使看到了你，也是为了我的进步。

◇ 不计算是最好的计算

- 处处计较，以计相交，计尽则人散，亲密关系自然无法持久。

- 一旦我在亲密关系里掺杂了太多利益的考量，就会爱得磕磕碰碰。

成长型亲密关系

- 我爱你多一点，还是你爱我多一点？

- 你计较得多一点，还是我计算得少一点？

- 没有绝对的公平，爱情的算法最后就是算了吧，这就是最好的算法。

- 在亲密关系中，计较一分，情输三分。我们的爱情不再去追求完美和绝对的公平，我们更要追求快乐和幸福。

- 我只会在原则和底线上计较，所以能赢得尊重。

- 我们的爱情有舍有得，没有绝对的公平，我放下斤斤计较。

04 生气的觉察

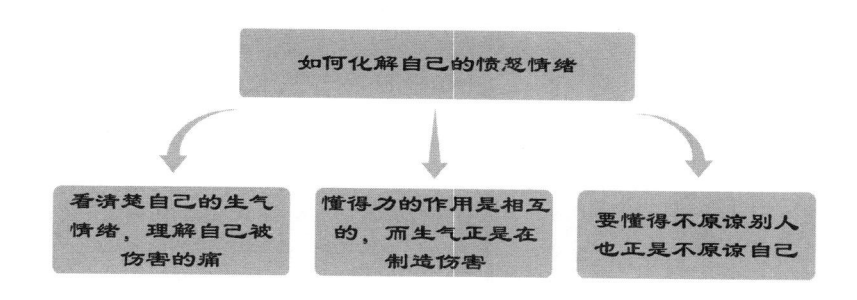

```
         如何化解自己的愤怒情绪
        ↙          ↓          ↘
看清楚自己的生气   懂得力的作用是相互   要懂得不原谅别人
情绪，理解自己被   的，而生气正是在    也正是不原谅自己
伤害的痛          制造伤害
```

[说明部分]

其实，每个人的生气都是自我捏造出来的。比如，我们在餐馆用餐，如果服务员态度不好，我们就会生气，我们在用这种生气的行为惩戒对方，告诉对方我们对其服务态度不满意。

从某种意义上说，生气是我们为了达到某种目的制造出来的。就像领导对员工发火，其实领导只是用生气与愤怒引起对方的重视，希望员工能对自己犯的错铭记在心，不要再犯。

生气也是我们表达感情的一种目的与手段。如果我们了解这个内涵，我们就可以管理自己的情绪，因为比起生气，我们需要了解的是：我希望通过生气达到什么样的目的，希望解决什么样的问题，为什么我会生气等。我们对生气认识得越清楚，我们就越能超越生气，做到坦然而无所谓。

生气是内在情绪的表达，我们可以通过生气去看到对方所在意的东西，以及对方的底线是什么，甚至可以通过对方的生气行为，了解对方的弱点与软肋。生气只是我们的主观感觉，并不代表事实。

人之所以可以不断进化，就是因为人可以不受自我情绪支配。生气是捏造出来的，只是一种假象。比如，我们生气，是因为我们觉得对方触碰了我们内在的底线，所以我们会用愤怒强烈地表达自己，这是我们内心一种强烈的自我意识。人的愤怒往往并不是一种非常客观的认识，只是我们基于当下所呈现出来的一种情绪表现。

所以，过去是过去，过去并不完全决定我们的未来。生气只是我们内心的诠释与表达。我们了解了生气背后的那个自己在乎的到底是什么，我们就会深刻了解和洞察自己。

[诵读训练]

◇ 当我生气时

- 我是情绪的奴隶。

- 我是懦弱的玩物。

- 我是缩进壳子里的虫子。

- 现在,我看清了自己的生气。

- 我能深刻地感受被你伤害的痛,我终于明白,这是你要我深刻地去忆起你曾遭受的痛;我的痛就是你曾经的痛,亲爱的,我能觉察你被伤害过的痛。

- 我可以真切地问自己:"为何由我来感受?为何是我受到伤害?"

- 最后我将明白,其实就是我曾经伤害过你,而你选择用这种方式来让我忆起你的感受、你的痛。

- 对着太阳吐口水,最终还是落到我自己的脸上。

- 亲爱的，我懂了。

- 我们不要再这样幼稚，让我们在自己的经历中成长吧。

- 遇到问题时，我相信，除了生气，我们还有更好的途径解决。

◇ 当我无法原谅你而生气时

- 此时此刻也正代表我无法原谅自己，不能接纳自己。

- 我反复地问自己："我不能原谅自己什么事？"

- 我不断反复地问自己："我在生气自己的哪些问题？我自己还要再演戏吗？"

- 我会看到这一切都是在演戏，借由生气来演给你看而已，同时也演给自己看。

- 我要看清楚演戏的目的：只是想获取你的认同与肯定，表达自己的情绪与感受罢了。

- 当你不了解或是离场远去时，生气的我只是继续演给我自己看。

- 觉察到这些我不再演戏了，我试着用自己的智慧思考，是否可以选择其他的方式来表达，也能达到同样的目的呢？

- 我知道了，自己只是不小心卡在这里。

- 我知道，现在我只是没有想出更好的解决方法而已。

- 我也想请你知道，此刻我需要的是你的帮助和爱。

- 此刻我们能做的是，至少有一个人是清醒的、爱着的。

- 我相信，只要能静静地陪着彼此，一切很快就会过去。

◇ **当我生气想报复你时**

- 我深深地明白，生气就会本能地产生报复心理，并有可能伤害到你。

- 我反复地问自己："我为何想要报复你？"

- 通过自我觉察，我时时向内看，分分秒秒看清楚，我生起了什么样的念头？对你有没有宽容为怀？我在制造什么伤害？

- 我重复地问自己："透过伤害，我可以报复什么？透过伤害，我可以得到什么？"

- 每当我攻击防卫的心生起，我可以看着它生起，我也可以看着它放下；通过看见的觉察，我攻击的念头一个也没有了，我攻击的话一句也没有了，我攻击的心完完全全消失了。

- 亲爱的，我痛了，你也痛了；亲爱的，我释然了，你也释然了。

- 亲爱的，我们原本就是一体的。

05 看透关系

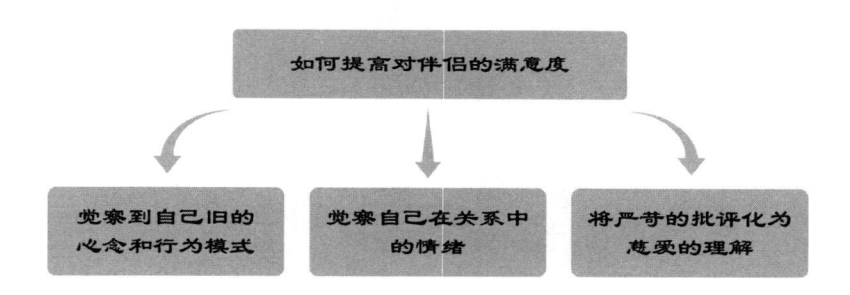

```
        如何提高对伴侣的满意度
       ↙         ↓         ↘
觉察到自己旧的   觉察自己在关系中   将严苛的批评化为
心念和行为模式      的情绪         慈爱的理解
```

[说明部分]

内观是往内观察自己内在身心的一个方法，以智慧洞见一切烦恼的根源，并从中解脱。内观是开展内心智慧及发展爱心的一种过程，使人能以安详的心态去面对生命的起伏。内观是疗愈身心痛苦的一剂良药，使内心达到完全的净化，对伴侣充满爱。

无论是与自己相处，还是和伴侣或者其他人相处，觉察都是非常重要的一件事。透过觉察，我们可以透过现象看本质。

如果觉察不到，那我们永远围绕着表面的问题打转，不断地跟表面问题纠缠，这样就会大量消耗我们的时间和精力，也会使我们身心疲惫。但是有了觉察就不一样了，我们可以看到表面问题背后的情绪，然后去面对我们内心的真实情绪，反而可以化解很多的问题。

我们练习觉察久了之后，就会越来越清晰地看到自己心里念头从生起、发生到熄灭的全过程。你会意识到原来自己一直被表面问题所迷惑着，你的这些情绪、念头无非就是你自导自演的一出出的戏。你会对自己越来越了解，越来越能够得心应手地去应对你的这些情绪，你的情绪也会越来越稳定。

在亲密关系中让我们多多地去觉察彼此的心念，我们的善心、体谅心、柔软心可以积聚力量，让我们在爱的征程上看到更多的美好；而我们的计较心、掌控心和苛责心在消耗能量，使我们在爱的征程上经历了更多的匮乏和黑暗。学习去重新赋予起心动念的积极意义，爱便成为穿越人生黑森林的心灯，前行的路上便可以拥有无限的希望与光明。

[诵读训练]

◇ **我愿意内观所有局限我的旧心念**

- 我觉察到,我非这样不可、非那样不可的内心包袱使我活得不自在。

- 我在与你互动时,我觉察到:我可以看到我的善心不足;我看到我的心不够柔软;我看到我体谅的心不够;我看到我吝于赞美你。

- 所有的问题都是我内在的问题,我看到了我自己的恐惧,我看到了我自己的负面心态。

- 愿我不要总是看你的过错,更要看到你的美好;愿我不要总是看你的黑暗,更要看到你内在的光亮。

- 愿我觉察我自己,并勇敢面对自己的人生。

- 我把自己当成摄像机,做到内心很平静和坦然地觉察一切。

- 如果没有觉察,那么我将继续扮演受害者和加害者两个角色，任由这个分裂感一再撕裂我自己，一再地在分裂破碎中受苦受罪。

- 我尝试做到"八风吹不动，端坐紫金莲"。

◇ 我愿意内观我与外界的关系

- 当我有所觉察，就可以开始面对我的困境并接受改变，而非受困于它。

- 通过自我觉察，我放下对你的过高期望和掌控，我可以重新选择！

- 我决心为达成我个人的理想而有所计划和行动，我虚心检讨我的想法和态度。

- 我的觉察力越来越敏锐，我越来越能看清楚阻碍我的问题所在。

- 当我用平常心看世界的时候，我的觉察力在提高。

- 我可以将批判与恶解的心化为支持和善解的心，我不再责难，不再批评，我的心中只有理解与支持。

- 通过自我觉察我看到，在我心中有一盏明亮的探照灯，时时刻刻探照我的心；我诚实地看自己，并接纳自己，我不批判或谴责自己。

- 我理解并接纳不接受我、对我不友善、让我痛苦的人；当我看到你的防卫和攻击，我可以理解你的脆弱和恐惧，我可以理解你在呼求爱；我看见你的脆弱和恐惧，我也看到自己的脆弱和恐惧。

- 我知道，你用排斥来表达对爱的索求。

- 我知道，你用愤怒引起我的注意。

- 我知道，你用嫉妒来表现自己所缺失的爱。

- 我知道，我和你彼此之间没有区别。

- 我理解，每一个人生命学习的过程都一样，我们都在不断地学习爱。

◇ **更多内观，更多放松**

- 我愿意，通过自我觉察将严苛的批评化为慈爱的理解。

- 我的心灵越来越放松，我的头脑越来越智慧，我越来越能理解所有。

- 我能时时觉察，经常放松；我能时时反省，经常放下。

- 我时时记住，放松、放松、再放松，放下、放下、再放下。

- 我用心去对待你，不用头脑去想，世界很简单，人心很简单。

- 复杂的事情是想出来的，简单的事情是做出来的！

- 我内观，我放下，我行当行之事。

06 内观提升

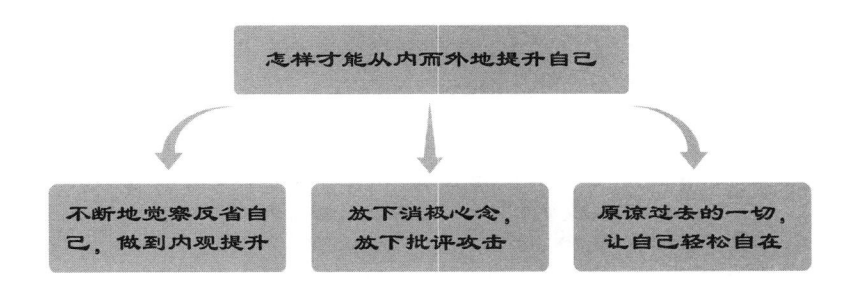

```
        怎样才能从内而外地提升自己
         ↙         ↓         ↘
  不断地觉察反省自   放下消极心念,   原谅过去的一切,
  己,做到内观提升   放下批评攻击   让自己轻松自在
```

[说明部分]

我们所指的"内省",就是向内看自己、检视自己。为什么我们要检视自己?为了提升,为了转变,为了改善。内省的最终目的是为了成为什么人。

美国电影《城中大盗》(*The Town*)中有这样一句台词:"人们每天早上起床后都会说要改变自己的生活,可没人付诸行动。"如果不能改变风的方向,那我们就要想办法调整风帆。

其实，不管是改变别人还是改变自己，尊重往往比控制更有效。改变自己、多内观就是一个很好的方式。观察、认识自己，"因地制宜"地改变自己，只有这样，才有去影响别人的可能。

这让我想起了一则故事：

有一位大师，久居深山，几十年都在苦练"移山大法"，终于修成了正果。

有人前来拜师，虔诚地向他请教："大师，请问您是用何种神力将大山移开的，我如何才能练此神功呢？"大师笑答道："练此神功非常简单，只要掌握一点就行了，那就是山不过来，我就过去。"

一语惊醒梦中人。

在现实生活中，有太多的事情像大山一样挡在面前，但只要你愿意做出一些改变，很多事情很快就能够豁然开朗、柳暗花明。

改变能改变的，接受不能改变的。

不要总将目光聚焦在别人身上，当你改变不了别人时，最好的办法就是改变自己。

当我们自己改变了，你会发现，"别人"变了，整个世界也变了。改变自己是仙，改变别人是魔。让我们做仙，别做魔。就像电影《哪吒》中说的"我命由我不由天"，是魔是仙，我自己说了算。

我是一切的根源。

世界是你自己的，与他人毫无关系。觉察、觉知是一切改变的开始。

任正非说过："最大的运气不是得了大奖、不是捡到了钱，最大的运气是你碰到一个贵人，他能提高你的思维，把你提升到一个更高的平台。"

什么是贵人？生命中的贵人就是能够改变你认知的人。

实现目标就像爬山一样，人的能力提升是一个动态的过程。不要以你现在的能力束缚对未来的想象。

[诵读训练]

◇ 内观提升，放下消极心念

- 通过觉察反省，现在我决定放下那些对我消极的投射的心念！

- 通过觉察反省，现在我决定放下那些对我消极的固执的心念！

- 我可以放下我心中紧抓不放的东西，我可以学习再放松一点、再放开一点。

- 我明白我内在心理的本质是清静无染、完全圆满，我不再受压力烦恼的束缚。

- 从此刻开始，我心中对你没有憎恨、没有怪罪，只有爱与理解。

- 过去我以为是你对我不好，其实是我自己内在的问题，只要我愿意自我改变，我眼中的你也就会随之改变。

- 我对自己、对你、对所有事物，一天比一天更放松。

- 当我越来越觉察反省自己、我的内心越来越清明时，我就越有能力选择不再做一个牺牲者，也不再做一个迫害者。

- 通过自我觉察反省，我可以勇敢地进入自己内在恐惧的核心。

- 当我勇敢地面对并看清恐惧时，恐惧就不再能危害我了！

- 我勇敢面对并接受我的黑暗面，我看到自己阴沉不明朗的个性，我看到自己的悲伤与愤怒，我愿意释放它们。

- 通过自我觉察，我看到我的斗争意识，此刻我带着清明的心，不再攻击你；我反省自己的所思、所做、所言，看清楚自己动这个念头、做这件事、说这句话是出于真正的爱，还是出于小我的动机。

◇ 放下攻击

- 每当我攻击你的时候，我内心必然觉得自己也是不好的。

- 攻击其实源自我内在的恐惧和匮乏，攻击和防卫的背后是我在呼求爱。

- 每当我攻击你时，也在同时攻击了我自己！

- 我决定今后不再对你投射恶意、制造对立。

- 每一次我想贪，我也可以重新选择不贪；每一次我想批评，我也可以重新选择不批评。

- 我知道真正的平安必须透过觉察内省而非外求，真正的幸福必须经由彻底的宽恕才能体验与获得。

- 我不局限于眼前利益，我目光长远、我心胸宽阔、我以爱为师。

- 我越来越能够在生活中展现我内在的智慧。

- 我学会放下所有阻碍我成功的局限，我为自己的每一个选择负责。

- 我是个有弹性的人，我可以重新选择，我不再坚持非此即彼的二元论，而是选择更加有益成长的方式。

- 放下攻击，重新选择的能力让我学会了放松。

◇ **我越能够放手，我就越轻松自在**

- 心念决定情绪，你给我带来的不愉快，都是因为我的心念参与主导而形成的。

- 我不是对你生气，而是因为你违反了我对于某件事情的心念准则。

- 事实上，我或许也已经违反了自己的某项心念准则。

- 我对你感到恼火时，我不是和你生气，而是我的心念准则做出的本能反应；今天和以往不同的是，当下我意识到了，我停止了以往的攻击忄行为。

- 我需要时时提醒自己：在这个情形中哪一个更重要？是我的心念准则还是我和你的关系？

- 我学会了"观"，"观"让我内心很自在。

- 每当出现问题，我当下就能觉知到要先停下来。

- 无论后面发生什么，当下都要停下来，就像开车遇到危险，首先需要踩刹车而不是和对方吵架。

- 我使用这种方法，把自己的注意力转移到更真诚的交流层面上，这样我就会发现自己能够立刻化干戈为玉帛。

◇ 对不起，我错了

- 因为缺乏洞察事物真相的能力，所以我没能领会爱情的真谛。

- 在既往的人生中，我们彼此伤害了对方，互相折磨，白白地浪费了美好的时光，始终陷在怨恨的泥沼中而走不出去。

- 我们都希望更自由地生活。

- 过去我曾做了一些错事，伤害了你，让你很痛苦；我深深地自责，我的内心也因此受了很多苦。

- 我也愿意接受并相信，过去我们之间的冲突、伤害仅仅来自两人不同角度的解读所造成的误解，所有的痛苦本不该出现。

- 过去，我紧抓着痛苦不放，它是由于我们彼此的内在恐惧和愤怒而造成的。

- 这个投射的结果伤害了我们。当然，我因此也受了很多苦，我想，你也一样。

- 现在，所有最真、最善、最美的祝福经由爱，祝福你！

- 对不起，请原谅我的无心；对不起，请原谅我的幼稚；对不起，请原谅我的傲慢；我爱你，祝福你，感谢你！

心灵随笔

通过这一阶段的学习,相信你也有很多收获吧!
输出才是自己的,把你的收获写在下面吧。

_____
_____
_____
_____
_____
_____
_____
_____
_____
_____
_____
_____
_____
_____

第 2 章

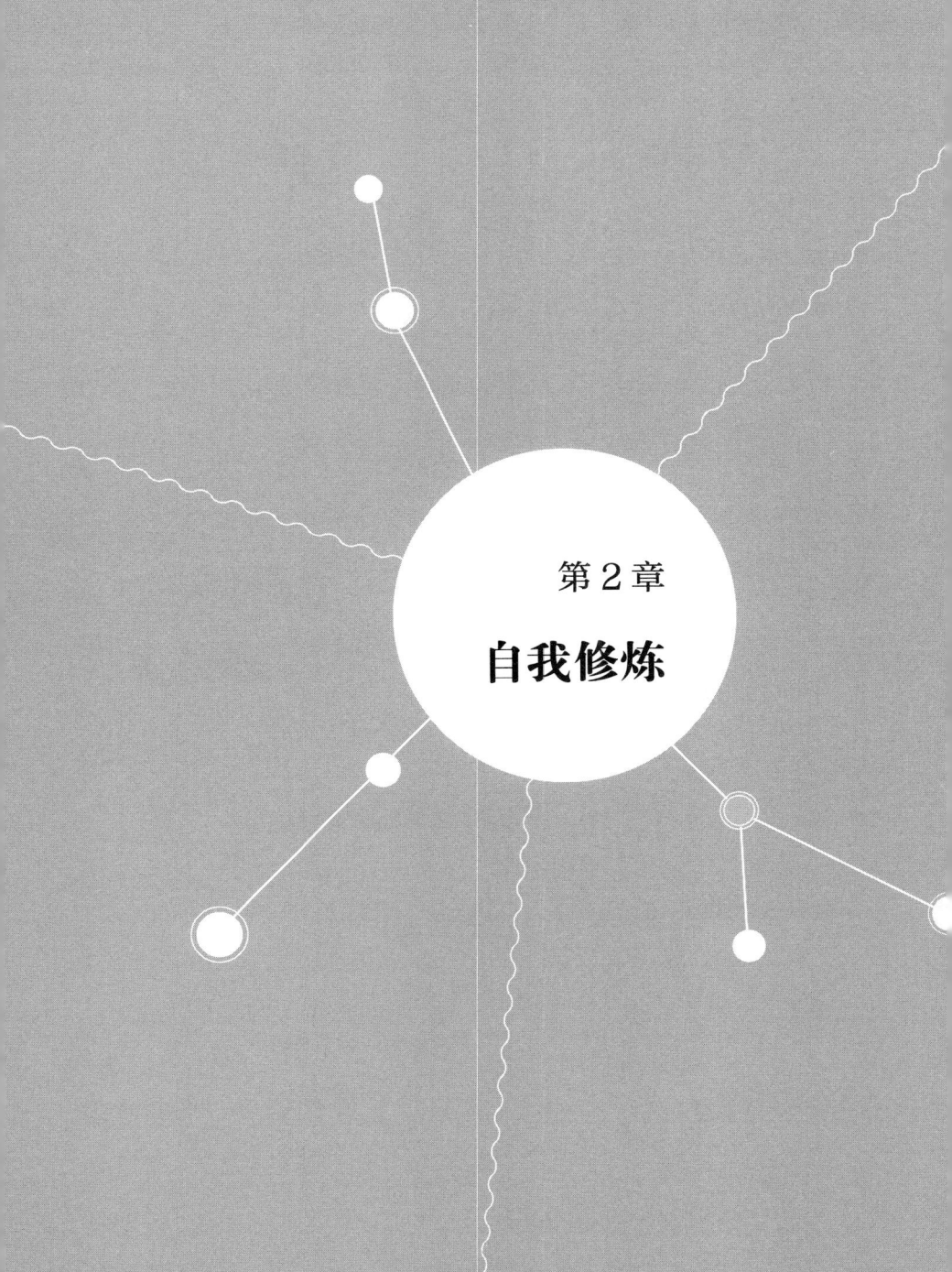

自我修炼

07 发展自我

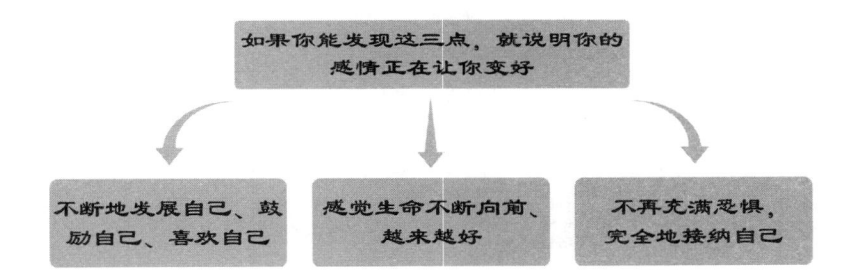

```
如果你能发现这三点，就说明你的
感情正在让你变好
```

- 不断地发展自己、鼓励自己、喜欢自己
- 感觉生命不断向前、越来越好
- 不再充满恐惧，完全地接纳自己

[说明部分]

人生就像一场游戏，每个人生来就是要升级打怪的，每一个小怪、大怪就如同生活中大大小小的挫折和苦难，阻挡着我们前进的步伐。

亲密关系中固然有很多困难，逃避和视而不见不会解决任何问题，只会让问题越积压越多，你之后的人生所受的苦就可能是你前面的人生一直躺在舒适区里面的果。

直面这些问题，遭受的痛苦和不适是在所难免的，但每一次的"勇敢起身"都会使你认清自己，使你更加强大。

亲密关系里的成长力更能给予一个人勇敢，曾经畏惧的可以尝试不断突破，像是为梦想插上了翅膀，可以翱翔于天空而拥有了更广阔的视野与格局。

努力地发展自己吧，这其实就是一场场重大的变革，因为我们将一次又一次地告别过去，一次又一次地向前迈步，一次又一次地遇见新的自己。

[诵读训练]

◇ **看清楚我自己**

- 在亲密关系中，我在发展我自己吗？此刻，我愿意坐下来思考这个问题。

- 我平时对自己有多少的否定、自责和挑剔呢？

- 发生了什么事让我选择否定自己？是什么原因让自己自

责和挑剔？

- 亲密关系中的否定、自责和挑剔的背后是什么？

- 是否定自我多一些，还是鼓励自我多一些呢？

- 我对自己真实的评价到底是什么呢？

- 我真的喜欢自己吗？我对现在的生活真的满意吗？

- 如果我按照现在这样的步调生活，一年之后、五年之后、十年之后，我能让自己满意吗？我会喜欢那时的自己吗？

- 为了让我更喜欢我自己、过上更好的生活，我还有哪些可以改进和提升的地方呢？

◇ **我相信，一旦我开始采取行动改变自己，一切就会变得越来越容易**

- 我也是顺其自然中"其"的一部分，我要去创造怎样的"其"，让一切顺着它发展呢？

- 接纳自己现在的状态，同时我也会时常问自己，我希望把什么样的自己展示给你?

- 我愿意创造什么给我们呢？我可以贡献一份怎样的美好?

- 我能够做些什么，成为更喜欢的自己呢?

- 接纳代表着我看清楚了，我无须情绪化；以平静心看一切，可以让我做更好的选择。

- 发展自己，才能让我更加富有。

- 当我看到了"改变"，就意味着已经有所不同。

- 最大的不同就是要让自己与昨天不同，对我而言这是最大的挑战。

- 很可能就是向左转、向右转这么小的事，都会是我面临的最大挑战。

- 我愿意为自己的有所不同承受这份不舒服、不习惯。

- 我知道，风雨之后就是彩虹。

- 我知道，这份改变需要用心呵护。因为，过去的一切都会在不经意间随时回来。

- 我愿意，为了心中的玫瑰去改变直至成为习惯。

◇ **生命是不断向前的，它要朝向更高、更好**

- 发展自己是自我改变的基石。

- 我不是为了努力而努力，而是为了成为更好的自己而接纳。

- 把问题放在脚下，不和问题纠缠，让自己站得更高；看清楚自己，进而提升自己，成为更好的自己。

- 我懂得生命中没有再来。

- 我知道每一天都是不同的。

- 我愿意让自己的每一天都成为辉煌。

- 不关乎是否能够获得更多经济和地位的改变。

- 我内心的这一份祥和与平静，才是生命的本来。

- 我的路越走越远。

- 我的心越来越宽。

- 鲜活和快乐是我生命的本色。

- 爱情就在自我成长中得以升华。

08 疗愈自我,重新出发

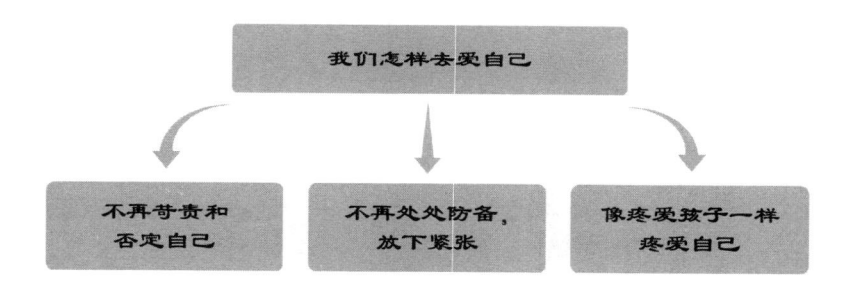

```
        我们怎样去爱自己
       ↓       ↓        ↓
   不再苛责和  不再处处防备,  像疼爱孩子一样
   否定自己    放下紧张      疼爱自己
```

[说明部分]

什么是爱自己?很多人觉得自己应该很爱自己啊,谁不爱自己啊?

我爱我自己,我为我自己买买买。
我爱我自己,我吃大餐犒劳自己。
我爱我自己,我总把自己的利益放在第一位。

从表面上看,这些做法都是挺爱自己的,但是这些做法都是表象。

你是不是拖着疲劳甚至带病的身躯，依旧努力撑着继续工作？

你是不是因为自己的一点小错误，不断地苛责、否定自己？

你是不是为了照顾别人的感受，忽视了自己内心的真正需求？

你是不是总是觉得自己不够好，嫌弃自己的外形、性格，怀疑自己的能力？

你是不是不断地压抑着自己的情绪，明明不开心了、很委屈了，还要强颜欢笑，逼着自己开心起来？

你是不是从来没有认真地去看一眼你内心的那个自己？

真正地爱自己，不是去爱那个理想化的自己，而是去爱那个不完美的自己。要爱自己的每一个长处和优点，更要爱自己的每一个短处和缺点，爱和接纳你本来的样子，不要去埋怨某些无法改变的事实，更不要执拗于自己做不到的地方，而是能够用感恩的画笔，在生活这块画布上描绘自己的色彩。

在这个世界上，只有一个人会无时无刻地和你在一起，这个人就是你自己。所以，去坚定地爱自己吧！

[诵读训练]

◇ **我总是忍着伤痛努力奋斗，却忘却了心疼自己**

- 我总是把事情尽量做到完美，时不时地自我否定、苛责，却唯独没有使自己活得完美。

- 我多病的身躯、疲倦的心理、时时的伤痛，都是不爱自己留下的痕迹。

- 我爱家人、爱朋友、爱工作，却从未真正爱过自己；不会爱自己的人，是不能真正爱你的，即使我去爱你，也是在透支我自己。

- 扪心自问，这些年我真的对自己好过吗？

- 我真的爱自己吗？我有多久没有爱过自己了？

- 我可以追求努力做事，但不应以损害自己为代价。

- 我不强求自己去做事，无论做什么，我懂得这个和爱自己不矛盾。

- 我要像爱家人、爱朋友、爱工作一样给自己一些时间用来爱自己。

- 我把自己哪怕很微小的优点当作宝贝，像呵护自己的生命一样珍惜它。

◇ 爱是药，爱是营养，爱是力量

- 爱自己是自我赋能的过程，会让我越来越有爱，越来越有力量。

- 爱自己是疗愈一切问题的捷径，从此我不再处处防卫，我不再封闭自己。

- 所有的批判自动销声匿迹，一念之转就会让我放下紧张，身心松弛下来。

- 我在打算去爱你之前，必须学会爱自己；犹如我要好好地款待来访的客人时，必须先打扫整理好自己的家一样。

- 我明白，当我不是我爱的第一人，那么整个世界所有人都有可能是不爱我的第二人！

◇ 我对世界简单了，世界也就不会太复杂

- 当我全然爱自己的时候，整个宇宙都会陪伴我，我从此不会感到孤单。

- 当我深深爱上自己时，我会像疼爱孩子一样疼爱自己，会像迷恋爱人一样迷恋自己。

- 当我对自己的疼爱、关爱、喜爱超过所有的一切时，爱开始滋养着我，让我整个人变得充满活力和力量。

- 坚定地爱上自己，摈弃杂念，毫不动摇！

- 在你的爱到来之前，我首先要学会给自己足够的爱。

- 与你相处时，我要做好我自己。做好了自己，我本身就是好的，我不期望用你对我是否好来证明我是值得爱的。

- 我推开窗，去享受清晨的第一缕阳光和清新的空气。

- 我慢跑在小路上，没有任何的心念左右自己。

- 无论读书、学习还是工作，我都会适时地给自己几分钟的放飞时间。

- 除了酒桌和娱乐场所，健身房和运动场也是我很好的交际场所。

- 尝试去体验我自己从未做过的事情。

- 我愿意和任何人交往。

- 即使单纯的旅行也因为自己的快乐轻松吸引更多人的善缘。

- 世界和爱情给我的都是美好的信息。

- 我体会的都是满满的正能量，并源源不断。

- 我不需要和昨天说再见，因为今天安排很满，没有时间。

- 我不需要去复刻昨日的悲伤，因为我交往的人都不懂什么叫悲伤。

- 我不需要像黛玉一样葬花,我知道一切都是圆满的呈现。

- 我不需要隐藏,本来就没有什么需要去藏,除非又能像孩子一样躲猫猫。

- 我敞开自己,和宇宙保持联结,一切大门都会为我开启,一切美好的事物都将扑面而来!

09 关照自我,守住定力

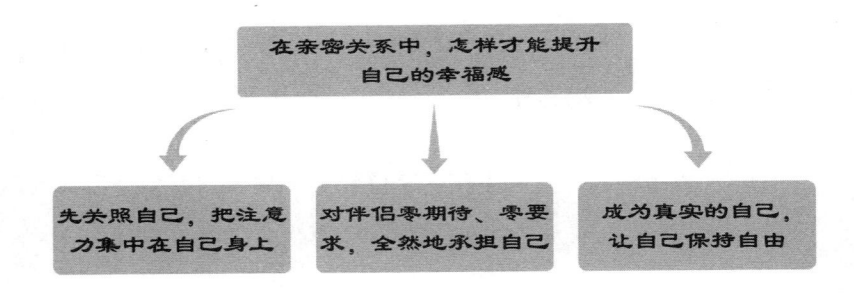

```
            在亲密关系中,怎样才能提升
                 自己的幸福感
      ↙              ↓              ↘
先关照自己,把注    对伴侣零期待、零要    成为真实的自己,
意力集中在自己身上  求,全然地承担自己    让自己保持自由
```

[说明部分]

很多时候,我们总想拼命地向外去抓取,我们不停地向前冲,不敢停下来,因为一停下来就会感到恐慌,明明自己很优秀了,却总觉得自己还不够好,还可以更优秀。

同样,在亲密关系里,我们总是把焦点放在了对方身上,不断地从对方身上索取爱和依赖。因为仿佛只有依靠这些外在的力量,我们才会觉得自己是安全的,我们试图用这样的方式去对抗自己内心的恐惧。但是有时候,即使我们如此努力,我们依然活得很痛苦,依然得不到爱,对方也因此而疲惫不堪。

所以,学着关照自我吧,它是永远的内驱力。当我们把注意力集中在自己身上,把我们的眼睛从虚假的外在集中在真实的自我身上,我们足够关照自我的时候,我们就可以从自己身上获取力量,有能力给予自己力量。当我们自己足够有力量,我们的心就自在了,爱情也就自在了。

[诵读训练]

◇ **关照自我,守住爱自己的定力**

- 关照自己,把注意力集中在我自身,我就淡然了我身外的烦恼。

- 关照自己的定力,将会使我从所有周围的东西中抽离出来、回归自我。

- 如果我能够关照,我将会转回我自己的本性、转回我自己的中心。如此一来,我将能够去看我的内在,就好像我在看任何其他东西，我能够去好好地观察它。

- 一旦我变得能够观察我的自我、观察我虚假的中心，我就将不再虚假。

- 如果我成为真实的我自己，我就能够走向内心的自由，不受外界影响，做更好的自己。

- 关照好自己，我就不依赖于你来爱我、善待我、尊重我、需要我。

- 我的生命如雨露花朵，从不依赖其他，就这样自在着。

- 我懂得自己和身边的一切没有两样：有春天的华丽，必然有夏日的奔放；有秋天的浪漫，一定少不了冬天的白雪皑皑。

- 人生的不同阶段有着不同的景色。

- 我追求美好，但不刻意定义自己的人生。

- 我知道自己可以更好，我更尊重自然的造化。

- 我和命运共舞，随之起起伏伏。

◇ 我对你零期待，我对你零要求，我的心就自在

- 我全然承担起自己，照顾好自己，这个责任是我自己的，与你无关。

- 我的自由永远跟我的内心富足挂钩，自由意味着我本自具足，不依赖于你的滋养。

- 我足够关照自我的时候，你爱不爱我毫不重要。

- 我足够关照自我的时候，你尊重不尊重我毫不重要。

- 我足够关照自我的时候，你信不信我、如何评判我毫不重要。

- 关照自我，就能够完全改变我的聚焦，我的眼睛能从虚假的外在转移到真实的自我身上。

- 不论我在做什么，我都要关照我自己，关照将会给予我正在做的事一个可靠的力量。

- 如果我正在爱，那么首先要关照自我，否则只是虚假的爱。关照好自我，才能真心爱到你。

◇ **我愿意花一些时间做关照这样的人生功课**

- 通过欣赏一朵花,我知道了自己还有更多的美好被遮蔽。

- 通过呼吸一口清晨的空气,我知道了自己从未对生活失去信心。

- 通过看你一眼我明白了,之所以能够体会你的爱意,是因为我的内心都映衬在你的眼里。

- 我之所以懂得温暖,是因为我们都经历过严寒。

- 我之所以懂得关心,是因为我们都曾经彼此呵护过对方。

- 我之所以懂得平和,是因为我们都遭遇过关系疲劳的极致。

- 我之所以懂得自在,是因为我们都经历过背道而驰的痛苦。

◇ **今天,是我放下一切纠缠的时候**

- 我依然爱你,却不抱怨。

- 我依然与你相处，却不关心是非恩怨。

- 我依然生活，可以看到你身上的优点。

- 我依然是我，从来没有改变。

- 无论今天还是明天，我依然是我，只是从此我看的方向不同。

- 我愿意从自己的内心感受我们，我也会从我们感受自己的内心，像养育一只小猫、小狗一样，轻轻地呵护着这种"自在"。

◇ 关照自我，才能关照到你

- 如果我在祈祷，就要先关照我自身的存在，否则那个祈祷将只是一个欺骗而已，我关照好自我，才能真诚待你。

- 如果我在努力，就要先做好自己，否则只是虚假的挣扎，关照好自我，才能真心帮助你；我要开始关照我自己，我们关系的蜕变将成为一种可能。

- 此刻，爱就是这样升起的，让我们彼此关照自我。

10 接纳我的不完美

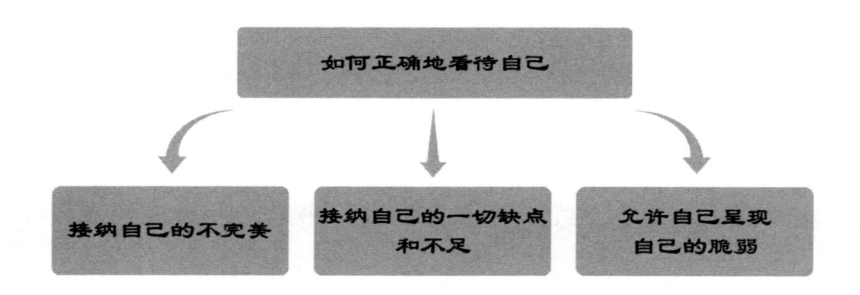

```
        如何正确地看待自己
       /        |        \
接纳自己的不完美  接纳自己的一切缺点  允许自己呈现
                和不足          自己的脆弱
```

[说明部分]

无论是谁，都不可能完美，因为在这个世界上根本就没有完美的人。

完美代表静止，无法再向前迈进，无法生生不息地成长；完美意味着死亡般的圆满，一个活生生的人是不可能完美的。

美好的爱情生活不需要完美，只需要真实。

一个不完美的人，如何自信地迎接生活呢？

一方面，去觉察，我们在亲密关系中总是想表现最好的自己；另一方面，我们也体验到，面对心仪的对象时，会激发我内在负面的体验和自我对话，如"我不够好""我不够优秀""我不够有能力"，所以我们担心对方会发现这个"不够好"的自己。邀请你去觉察这个"自动化"的反应，但不需要给它评判，也不需要去改变它，因为它是我们完整生命的一部分，只需要觉察它，而不是成为它，也不要远离它。

带着这样一种正念的觉察，创造一些空间、距离，保持一个恰当的亲密关系，允许生命中这些不同的体验、不同的自我，就像一切无常的事物一样来来去去，而你并没有受到它的影响。这个觉察，是我们迈向自信很重要的一步。

从来没有黑暗，只是光没有照进来。而觉察就是光，光照射进来，黑暗就不见了。

允许自己不完美，同时能够承认自己的不完美，然后对自己说："我不需要完美，我只需要进步一点点，不需要很多，只需要一点点。"把这一份放松带给内在那个绷紧、不安、担心、焦虑的自己。

最好的自信来自对自己诚实。

承认内在这些担心和恐惧是真的，然后我们会有一种扎根大地、踏实、真实的感觉，带着自信而真实的自己与他人见面。

所以，照顾好自己的伤痛，照顾好自己那些未经整合、未经疗愈的部分，对自己诚实，我们就能够自信地迎接爱情。在亲密关系里虽然可能会激活我们的恐惧，害怕对方发现自己的缺点、不够完美、不够好，但同时，这恰恰也是一个机会，提醒我们回归自己、疗愈自己、把力量带回给自己。

请记得，人们都愿意向有力量的人靠近。心中带着温柔而坚定的力量，最能够吸引美好的关系。

当我照顾好自己的伤痛，疗愈好自己的心，带着正念的状态和对方联结时，那么我们注定在一起，一起遇见更好的自己。

两个人在一起，注定更有创造力，也有更多可能性。

任何现状都是被允许的，在关系里面的担心、害怕、无助来自这个世界,这些都是真实的,你不需要完美,真实就好。

在亲密关系中,我明明知道会受伤,仍然去选择打开心、去爱所爱的人,就是最有自信迎接爱情的人,也是最能够去领悟爱情的真谛、爱情的意义的人。

因为爱情的意义是帮助彼此完整。我们因为不同可以互补,因为相同可以共鸣。

这样一个生生不息、持续成长的关系,是亲密关系里面最深刻的真谛。

生命是无限挖掘潜能的旅程,祝愿你活出生生不息的创造力。

[诵读训练]

◇ 爱,就是如其所是

- 世界上没有十全十美的人,完美的人并不存在,我不需要做有精神洁癖的人，我不需要活在纯洁完美的妄念里。

- 我接纳了新的想法，不代表旧的想法就没有意义。

- 好坏对错大多是我个人评判标准的产物，我无须过于标签化自己；我身上的优点是我的一部分，我身上的缺点也是我的一部分。它就像我的手脚，不管喜好与否，都是我不可分割的一部分。

- 我接纳自己的好，也接纳自己的不好；我接纳自己的光明，也接纳自己的黑暗。

- 当我真正地接纳我自己，我才是一个完整的人。

- 接纳不需要资格认证，接纳可以很简单。

- 爱，不是这个好、那个不好的区分；爱，就是如其所是，爱是无条件的接纳；爱是一个无法绝对的话题，除非我们都懂得了爱的真谛。

- 爱是感受，爱是自我修复之后的样子。

- 爱是完整和自在。

- 没有人可以定义我的爱。

- 没有人可以评价我的爱。

- 我的爱,就是那样存在着。

- 我感受到了爱,你也能从我的眼睛里看见。

- 我感受到了爱,你也能从我的手里体会到爱的温度。

- 我感受到了爱,你也能发现我是如此的坚定和勇敢。

- 爱,是我生命的全部,没有任何条件和必须。

- 我的爱,与生俱来。

◇ **真正地接纳**

- 我的皮肤不好,我爱我自己;我的身高不够伟岸,我爱我自己;我的脸蛋不够俊俏,我爱我自己;即使我有各种缺点,我依然爱我自己;我接纳我的一切,无论你如何看待我,我依然爱自己,尊重自己。

- 生活中遭遇的每一件事,我和你的每一个冲突与分裂,都只是一种象征；每一个象征都代表了我内在的冲突和分裂！

- 内在的冲突源自我黑暗的投射，一旦接纳我的黑暗面，我就不会被黑暗所困，所有的黑暗就会消失。

- 我最不愿面对的事物投射的是我最需要成长的地方。

◇ 我就是我

- 在亲密关系里，我最害怕、最想逃避的恰恰就是我的痛点，是最需要我去直面和疗愈的！

- 其实，只要我愿意给自己几分钟时间，无须冲撞和抗拒，只要面对我的内心、面对我想逃避的人和事，它就会很快消失。

- 一直以来，我都是因为这个"不愿意"反而失去了太多。

- 世界上永远没有完美，我有自己的不足和局限，也拥有让别人羡慕不已的东西。

- 我接纳我的外表，我爱我的身体，我接纳我的每一个部分。

- 即使只有一颗柔软的心，我也可以无条件地接纳生命所带来的一切。

- 我释放我的旧伤，我不再惩罚自己。

- 我不再自我贬抑，我不再批判自己。

- 我可以在你的面前呈现我的脆弱，我不需要扮演完美。

- 我接纳我的一切，我就是我。

11 无条件地爱自己

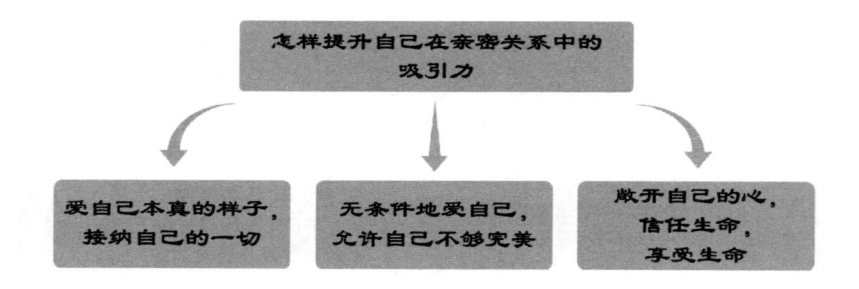

```
           怎样提升自己在亲密关系中的
                    吸引力
      ↙              ↓              ↘
 爱自己本真的样子,  无条件地爱自己,   敞开自己的心,
  接纳自己的一切   允许自己不够完美    信任生命,
                                    享受生命
```

[说明部分]

我们自己就是一个示范者,一旦自己都不爱自己了,身边就会出现第二个、第三个不爱你的人。

所以说:无条件的爱是我们终其一生所追寻的。

什么时候你才能无条件地爱自己呢?

当你失意时、犯错时、恐慌时、怯懦时、拖延时、焦虑时、羞愧时,你还爱这个自己吗?

在漫漫的人生道路上，在不同境遇里的种种波折中，当我们迷茫与困惑时，最容易怀疑和否定自己，从而失去继续前行的勇气与力量。那么在这样的时刻，我们最需要的不是解决那些接踵而来的磨难，而是首先要爱自己，无条件地爱自己。因为爱所以相信，因为相信所以积聚力量，然后我们才能够在中肯而客观的层面上解决问题。

在亲密关系里，很难想象一个不爱自己的人能够懂得爱对方，即使有也是短暂而狭隘的单向行为，没有回应就没有继续谱写爱的能量。所以，无论何时何地，我们都要爱自己、滋养自己，有了力量与智慧才能更好地爱，守护那份心底的坚定。

爱自己，爱自己本来的样子，无条件地爱自己，是终身浪漫的开始。

[诵读训练]

◇ **我爱我本来的样子**

- 日子过得好与坏，在于我会不会爱自己；无条件地爱自己，就是爱自己本来的样子；无条件地爱自己，不随意苛责自己；我爱我自己，即使正面临着很多的困难、痛苦、烦恼，此时此刻的我不是完美的，但我依然是可爱的。

- 我不需要特意做出让你喜欢的样子，我不再把能量浪费在你会怎么看我上面。

- 我爱你，我可以送你鲜花、礼物和拥抱，但前提是我不会为此而感到为难，更不会为了你而放弃自我。

- 如果宇宙不爱我，我就不会出生，我的存在，就是值得被爱的全部理由。

- 无论我出生在哪里、我是什么样的身份，我都是宇宙独一无二的宠儿。

- 无论美丑，宇宙都无条件地爱着我；无论成功与失败，宇宙都无条件地爱着我。我接受丰足与爱，我接受我还有情绪，我接受我还有愤怒；我接受我暂时还有怨尤，我接受我暂时还无法做到无条件地接纳你、爱你，我接受我暂时还无法原谅你。

- 杯子里装进水，我看见水。

- 杯子里装进茶，我看见茶。

- 如果杯子里装进"空"呢？那便是无限可能。

- 我敢于让自己的杯子里是"空"的。

- 这样才是我的爱情人生：拥有无限可能。

- 我的爱就是这样的没有条件和限制。

- 我懂得欣赏你的水。

- 我懂得接受你的茶。

- 我更喜欢我们的无条件的"空"。

◇ **我无条件地爱我自己**

- 我正在努力学习爱，爱已经起步了，我的未来是安全的，我是安全的。

- 我是可以放轻松的，我可以信任生命，我让自己成为接受的、开放的,我不必和你比较,我可以做自己。

- 我接受这样的我,我接受所有对我有益的事物,我努力敞开我的心,我对一切事情表达感激,我接受爱,我值得被爱。

- 我可以享受生命,我值得享受丰足与爱,我已经被负面的念头掌控了很多年!

- 我决定摆脱它了,我一定做得到,我此生的目的是学习无条件地爱自己。

- 我爱此时此刻的自己,我爱每一部分的自己,包括我的光明面与黑暗面。

- 我不再那么脆弱、容易受伤,我不再那么爱面子、顾形象,我不再那么在乎你怎么看我,我无条件地爱我自己的每一部分。

- 好好爱自己,让我的生活里有随遇而安的闲适,也要有苦心孤诣的到达。

- 好好爱自己,允许自己历经过一些苦难,努力地抵达遥远的彼岸，让自己去感受那种充盈的踏实与快乐。

- 懂得了这样爱自己，懂得了这样才是我的使命。

- 无条件地爱自己，才是对我们最大的贡献。

- 因为爱自己，所以有能力爱你。

- 因为爱自己，所以有能力接受爱情生命带来的一切。

- 因为爱自己，所以知道生命的终点是我生命再一次的起点。

- 我爱自己，没有任何条件。

12 独立的开心能力

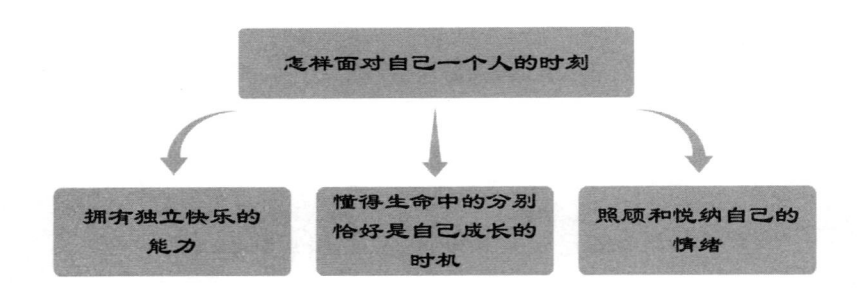

```
         怎样面对自己一个人的时刻
        ↙             ↓            ↘
  拥有独立快乐的   懂得生命中的分别    照顾和悦纳自己的
     能力        恰好是自己成长的        情绪
                    时机
```

[说明部分]

如果一个人的快乐是建立在他人的关照下的，那他就从来不曾拥有真正快乐的能力。

通常，我们会觉得一个人的时候很孤独。朋友的离去，我们会觉得很伤心，分手失恋也会觉得很痛苦。你觉得你没有了存在感，你觉得你很孤独，你觉得你不重要，没有人关注你。

爱情、亲情、友情等关系，就是我们与外界建立联结感的一种方式。我们分手、离婚,或者生命里重要的人离去,会使我们失去和外界交流的渠道,感觉自己突然变成了一座孤岛,孤零零地沉浮。

聪明的人,在他人离去后,不会把自己和他人对立,更不会将自己和自己对立。

即使你经历了分手或者离婚,还有"接纳"两个字。一个人在平淡的生活里看不到自己的问题,只有感觉到痛,感觉到焦虑,他才会去成长,才会去改变。你可以趁这个机会学会自我接纳,接纳自己的感受、接纳自己,接纳自己像一个废物一样活着,接纳自己还在为他动心,接纳自己还活在过去。

这个过程,你学会了在脆弱的时候依旧坚持自己接纳自己,自己保护自己。

只有你接纳了自己所有的感受,身随心动,放过了自己,这样你才会做出不违背本心的选择。

你会看到自己内心深处的需求,看到自己的真实情绪,在受伤害后还能紧紧拥抱自己,拥抱自己内心的小孩。在任何情况下，自己不抛弃自己，自己不厌恶自己，自己能"无条件"地接纳自己。

当我们足够地爱自己，足够地接纳自己，我们将不需要从别人的身上获取力量。那些我们需要从别人身上去索取的爱、安全感、依恋，我们都可以自己给予自己。我们会遇见更好的生活、更好的自己。

[诵读训练]

◇ 我具有独立快乐的能力

- 这世上只有一个我自己，人活一回，不是为了谁而活，也不需要依赖谁而活，每个人过的都是自己的生活。

- 我不必非得和谁在一起才能开心，我是独立的个体，我需要拥有独立快乐的能力；即使一个人独处，我也要让自己开心；我有足够能力接纳我自己的情绪。

- 我开心与否不需要以别人的情绪为尺度。

- 我的开心不由身边的人决定。

- 我能做到，有伴开心，独居我也开心。

◇ **生命中的分别，恰是我自己成长的时机**

- 当朋友离去的时候，我不会伤感和抱怨，我最明智的做法是呵护好自己的心情。

- 自始至终，我懂得什么时候做什么事。

- 即使我的亲人会离开、我的伴侣会离开，我也懂得离开就是离开本身，无须搭上失去开心的成本。

- 我懂得，别人离开是一件事，没有节制地宣泄情绪是另一回事。

- 我不会找一个由头让自己借题发挥，任意放纵自己的情绪。

- 我的情绪是我自己的，当然我要自己照顾和处理。

- 自尊、自立、自我欣赏和鼓励，都是悦纳自我的表现。

◇ 我要时时悦纳自己

- 我支持和鼓励自己的长短优劣，而不是否定与攻击，永远以发展的眼光看待自己。

- 我接纳我自己的全部，无论优点还是缺点、无论成功还是失败，都是我的组成部分，是一个整体，缺一不可。

- 无条件地接纳我自己，接纳自己的程度不以自己是否做错事而有所改变。

- 我喜欢自己，保持愉快感和满足感，时时肯定自己的价值；我既能了解自我，又能接纳自我，体验自我存在的价值，我为我自己喝彩。

- 我不是完美的，但我依然悦纳我自己，坦然承认我自己的不足之处；而后，不断克服缺点，不断自我塑造和完善，更加自信地面对我的生活。

- 当我快乐地接纳了我自己，我的整个心胸便会舒展和开阔，同时我会发现，我也更加容易接纳你了。

- 我勇敢地接纳我自己欠缺或不完美的地方。

- 每个人都有自己不完美的地方，接纳自己的不完美，每天给自己一个完美的笑脸。

- 自我悦纳就会产生我的高自尊。

- 我每天想一次自己的优点和长处，并发扬这些优点和长处。

- 当我取得进步的时候，尽情体验自己的喜悦，并与你分享。

- 悦纳自我，客观地评价我自己，欣然接纳我自己。因为，我是宇宙中一个"独特的我"。

- 我本身就是一道风景，没必要在别人的风景里仰视，我很美，我欣赏我自己。

心灵随笔

通过这一阶段的学习,相信你也有很多收获吧!输出才是自己的,把你的收获写在下面吧。

_____
_____
_____
_____
_____
_____
_____
_____
_____
_____
_____
_____
_____
_____
_____

第 3 章
关系修复

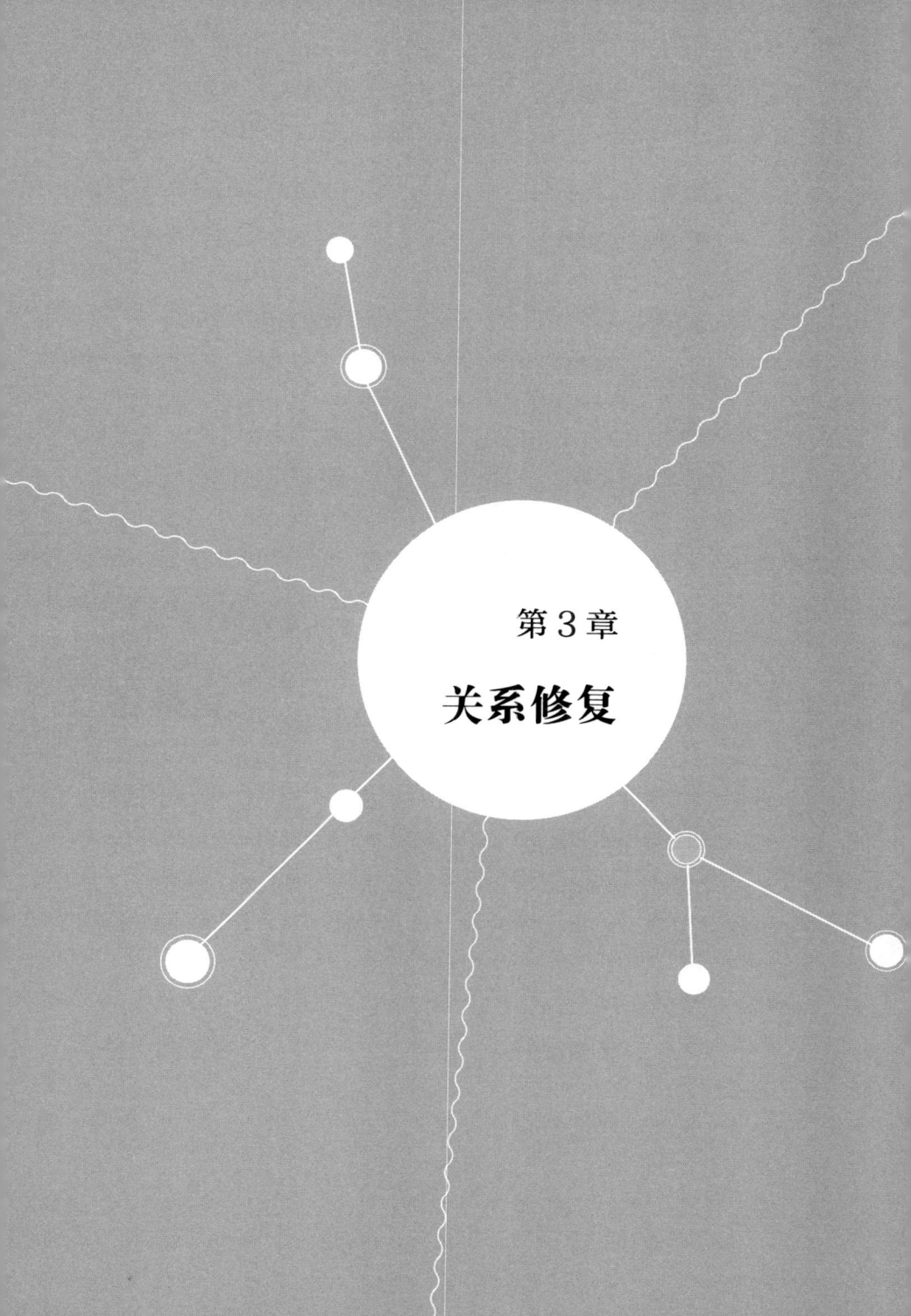

13 自我改变

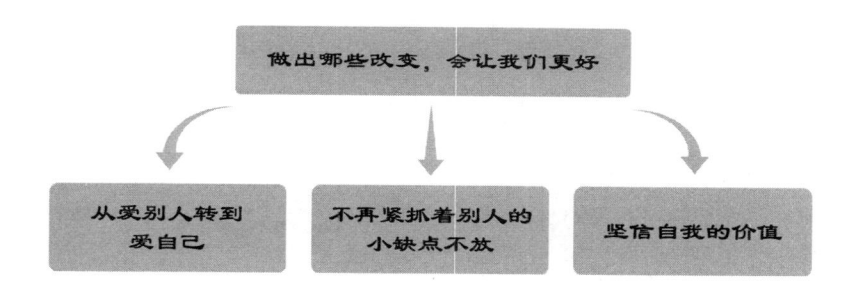

```
         做出哪些改变，会让我们更好
        ↓              ↓              ↓
  从爱别人转到    不再紧抓着别人的    坚信自我的价值
    爱自己         小缺点不放
```

[说明部分]

改变常常昭示自身的不完美，谁学习，谁改变；谁改变，谁快乐。改变看似是很难的事情，其实我们改变不了别人，我们只能改变自己，进而能够影响对方，让他也能自发地愿意做出改变的行动。两个来自不同家庭的人，只有彼此的相融才会在爱的成长中彼此促进，相互成全。

在现实生活里，我们的想法和念头时刻都在变化。面对不同的境遇，我们可以这样想，也可以那样想，我们的改变便是这些想法的思辨与判断后智慧选择的结果。这所有的改变都要从原点出发，我们的原点就是好好爱自己。当你懂得好好爱自己时，你也会理解伴侣，好好地去爱他。改变就从爱自己开始吧！

[诵读训练]

◇ 我正在改变

- 以前我爱父母、配偶、孩子，但现在我也要爱上我自己。

- 我今天了解到，我不是超人，其实我扛不起整个世界，做好我能做的事就好。

- 我不再对家人说"这个故事你已讲很多次了"，毕竟这个故事会让他们重拾回忆，重温往事。

- 我已学会了不再纠正你，即使是你的错。毕竟，让每个人都完美并非我的责任，能让事情和平完美更值得珍惜。

- 我自由且大方地给予你赞美,毕竟这不仅让你心情变好,我自己也受益。

- 我学会了不为我衬衫上的褶痕或斑点而烦恼,毕竟,人格胜于外表。

- 我远离那些看不起我的人,毕竟他们不知道我的价值,但我却清楚我自己。

- 我已学会了不要为坚持己见而破坏了我们的关系,毕竟,过于自我会让我孤身一人,而良好的亲密关系让我们永不孤单。

- 我已学会把每一天当成最后一天,毕竟,真的有可能是最后一天。

- 我正在做让我们快乐的事。毕竟,我有责任让我们快乐,这是我对爱情应负的责任。

◇ 改变是为了遇见更好的自己

- 我最大的改变就是愿意自己每天都快乐自在。

- 即使重复地做一件事，也会有不同的感受。

- 即使身边的环境恶劣，也会有淡定的应对。

- 我接受生命带来的一切。

- 我并非逆来顺受。

- 我的内心是鲜活的。

- 我接受自己就是这样活着的。

- 我的快乐源于我内心的自在。

- 我不知道为什么要去和别人比。

- 我认为，自己的当下已经是最好的。

14 我接纳你

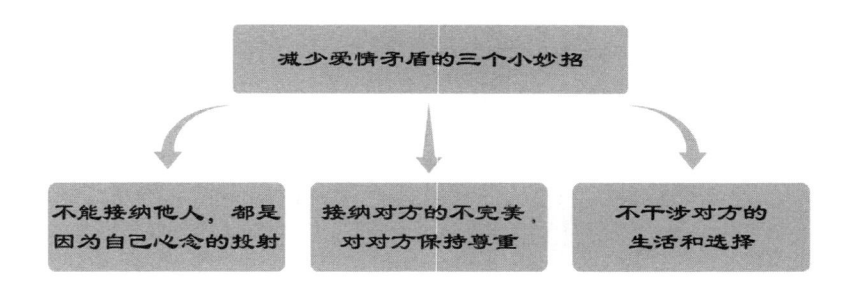

```
        减少爱情矛盾的三个小妙招
    ↙              ↓              ↘
不能接纳他人,都是   接纳对方的不完美,   不干涉对方的
因为自己心念的投射   对对方保持尊重     生活和选择
```

[说明部分]

当你不接纳一个人的行为和性格时,其实是将自己的不接纳投射到别人身上。

我们遇到的每一个人,都是你的镜子,可以照出你最真实的一面。

一位女士和丈夫离婚了,因为在她眼中她的丈夫处处好像都不如别人,于是各种挑剔、贬低和否定。但是她越是这样，她的丈夫就真的按照她所说的样子发展，越来越窝囊，越来越不上进。她看到自己的丈夫这个样子，觉得他是烂泥扶不上墙，自己跟他没法过了。三年后，这位女士见到了她的前夫，发现这个男人变了，变得很有底气、很自信，人也很阳光了。他的现任对这位女士表达感谢：谢谢你给我培养了这么优秀的丈夫。

正面的对抗，强行去改变他人，只会让局面越来越糟糕。

接纳和包容你的爱人，你们的关系反而会变好，事情反而会朝着你希望的样子发展。

当你不再聚焦于去改变，不再去对抗，你也就看见了真实的自己、真实的他人。这时候，一种慈爱的力量就会涌进来，你会突然明白：

- 我就是不够好，可又有什么关系呢？

- 他就是不够好，可又有什么关系呢？

- 为什么要那么排斥现在的自己和他呢？

然后你就想跟自己和解，跟他和解；接纳自己，接纳他。这时你就不会被自己的各种情绪消耗，你就拥有了力量。当你不再跟他对抗，你们之间就没有了纠缠和消耗，你们的关系就会进入良性循环，他有可能就改变了。

［诵读训练］

◇ 我的心念

- 在生活中时常遇到一些不顺心的事、看不惯的人，都是因为我的不接纳。

- 揪着你的错误不放，放大你的缺点，只不过是为了宣泄我个人的情绪，显示我的优越感；一切对你的不接纳，大都源于我的内心缺乏容纳性，设置了苛刻的标准，而这个苛刻标准同样也约束了我自己，心的狭隘也伤到了我自己！

- 因为对自己不满意，又不愿改变，所以转而通过伤害你来得到我一时的满足。

- 不满意你，是因为我有一个不满意的心念，而心念又会反过来不满意我自己。

- 批判你，是因为我有一个批判的心念，而心念又会反过来批判我自己。

- 觉得你不可爱，是因为我有一个觉得不可爱的心念，而心念又会反过来觉得我自己不可爱。

- 原来，真正不能接纳你不是你怎么样了，你都是我自己心念投射的一面镜子！都是因为我有不接纳的心念，我要时时觉察这个心念。

◇ **接纳彼此不同**

- 亲密关系中遭遇的每一件事，我和你的冲突分裂，都只是一种象征和投射。

- 接纳是一种直面，而直面则是一盏明灯。一旦直面我自身的黑暗面，我就不会被黑暗所困，所有的黑暗也会消失。

- 接纳你的本质就是接纳并尊重我们彼此在智力、情感以及心理上的差异。

- 我认可孔子所言:"君子和而不同,小人同而不和。"

- 你没有问题,不论你有什么习性或可靠与否,那是你的事,我做好我的事。

- 接纳就是我不同意你的观点,但我尊重你说话的权利。

- 你无须我的认可,而我也无须你的认可。

- 你没有问题,我也没有问题;没有绝对的谁对或谁错,都是立场角度不同而已。

- 所有的不开心都源于不接纳,我深知所有的成长的起点都是从接纳开始。

- 当我能够真正接纳你的不完美时,当我意识到不完美从来就是生活的本质时,我才明白:不干涉你才是我最大的美德。

- 很多矛盾的本质是我们彼此的背景、立场、观念不同而已,不需要上升到道德的高度上说事。

◇ **我看见，我接纳**

- 在我们的互动关系中，我看见了我的情绪，我看见了我的心念。

- 当我抗拒时，我能看到你也在抗拒，我接纳我们是会抗拒的。

- 当我排斥时，我能看到你也在排斥，我接纳我们是会排斥的。

- 当我攻击时，我能看到你也在攻击，我接纳我们是会攻击的。

- 当我批判时，我知道我在批判，我们起了批判的心；当我防卫时，我知道我在防卫，我们起了防卫的心；当我分裂时，我知道我在分裂，我们起了分裂的心。

◇ **我接纳你了**

- 做到接纳了再去跟你说话。如果觉得你做得不对，觉得你没有道理，做不到心中接纳，可以暂时不对话。

- 无条件地接纳你，在轻松的氛围下，彼此才能情意相通。

- 无条件地接纳你，就是对你说过的任何话、做过的任何事没有一丝不满。

- 不管外在发生什么问题，我时刻看到的都是我自己的起心动念。

- 无论是人、事、物，在我眼中都是美好的一面，因为我拥有一颗美好的心。

- 接纳你，让我更心静、更好地做自己，和你无关。

- 只有做到了无条件地接纳你，我和你才会更好地专注个人成长。

- 接纳自己，接纳你，接纳爱情，接纳我们！

- 原来一切都可以很美好！

- 因为，一切都是完美的，世界的本然就是寂静无声的安详。

- 我获得了安详，我获得了自在。

15 强大内心，随遇而安

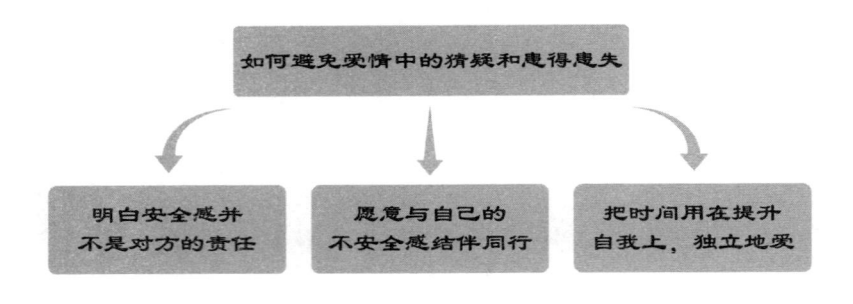

```
        如何避免爱情中的猜疑和患得患失
          ↓              ↓              ↓
   明白安全感并      愿意与自己的      把时间用在提升
   不是对方的责任   不安全感结伴同行  自我上，独立地爱
```

[说明部分]

有的人在亲密关系里总是患得患失。例如，伴侣没接电话或没有及时回复消息，他就会想对方是不是讨厌自己了。如此的猜疑往往闹得对方心神不宁，爱情的甜蜜变得苦涩。一旦你如此这般在意对方，时时刻刻观察着对方的一切，自己没有主心骨，即使对方再爱你，对你多么专一，你还会常常害怕他不再爱你了，害怕他离开你。

缺乏安全感的人在亲密关系里和伴侣总是相爱相杀，总是需要反复的情感承诺，非常地黏人、敏感、玻璃心，然后告诉伴侣这都是因为"我爱你"。

这样的人在亲密关系里面尽情地表演着，而伴侣也常常被这样的歇斯底里和阴晴不定折磨得身心俱疲。

对于安全感，我们常常陷入错误认知的泥潭里，我们总把安全感寄托在他人身上，其实，安全感是自己给予的。当你不断地学习、不断地超越自己，让自己变得强大起来，安全感的基石就会稳稳地卧在你心中那片坚实的土地上。

当你自己可以独立，自己的内心充满了力量，自己的内心不再匮乏的时候，不管离开了谁，你都可以活得很好。你不会再惧怕他人的离开，自己有足够的底气去面对人生中的一切，自己可以给自己足够的安全感，内心强大了，你便可以随遇而安。

[诵读训练]

◇ **我的安全感不等于你的责任**

- 所谓安全感,就是我在寻求一种庇护的需求。

- 安全感问题是我的"求不得",我想要你给我安全感,你没有给到;因为这种受挫感导致我开始埋怨、开始怀疑,还误认为一切的责任都不在我。

- 我越是追求安全感,就越想在爱情中证明和确认被爱,就会像抓住救命稻草一样,怎么都不愿放手,逼得你窒息。

- 没有安全感,是我从内心里不相信自己值得被爱的自卑感。

- 当我为了安全感问题产生矛盾时,本身就是因为我对安全感的错误认知,即我认为我的安全感就是应该你给。

- 我错误地把安全感等同于了你的责任。

- 在我苦苦地为自己争取安全感的同时,也忽略了你的情绪和感受。

- 当我在强调我想要的安全感时，其实是在否定你。

◇ **善待不安全感**

- 好的爱情是，我相信爱了就爱得起，就算输了我也输得起。

- 不安全感永远会伴随在我的人生各个阶段。

- 我对自己的身份感到不安，因为我不知道真正的自己是谁、我还可以成为谁；我对自身成就不足感到不安，因为我天生就不懂得适可而止，所做的很多努力只是在缓解内心的焦虑而已。

- 我的"不安全感"也并非都没有意义，很多时候不安全感的症状是我在恐惧状态下自己研发出来的"解药"，只是一种还不够好的"解药"罢了。

- 不安全感让我始终如一地保持警觉，让我高度警惕，在亲密关系中安身。

- 即便不够好，但是也有它积极的意义，这种不安全感的出发点是为了让我更好地适应亲密关系，只是方法错了而已。

- 我的不安全感在某种程度上激励着我进步，激发出我的自我价值。

- 我要善用不安全感，让它点燃我的激情，使我更自律；善用不安全感，我就能够做一些更了不起的事情，以积极的方式影响爱情。

- 我把不安全感当作推进剂，并提醒自己，不安全感不过如此而已；昨天我认为那是不安全感，今天我懂得它是置之死地而后生。

- 我抛却对经济、物质和亲人的依赖，就是为了认识这个不安全感。

- 我懂得让自己处于适当的不安全感之中。

- 我会自我欣赏，尽管生活充满艰难险阻，我能在动荡中求得平衡，在不安中求得生命的美好。

- 我不再想尽办法去摆脱不安全感和自我怀疑，我可以与不安全感相伴同行，我可以与不安全感和平共处。

- 当我尝试放下不安全感时，最好的结果就是爱情关系的圆满升华，而最差的结果也是我得到成长的内心。

- 那些教会我认识自己，帮助我发现爱与被爱的能力的时间，永远都不算浪费。

◇ **我是安全的**

- 我的安全感应该是我给我自己的。

- 不安全感是安全感的母亲。

- 不安全感是成就自我的老师。

- 安全感就是"不害怕自己不好，也不担心你不好"，所以，我相信我是好的，我相信你也是好的。

- 我是被爱的：从小到大，爸爸妈妈已经竭尽所能对我关注、接纳和喜爱，我感觉自己是被爱的，让我有自信心和安全感；无论我做得好坏对错，我也依然是被爱的。

- 我是有能力和有价值的，我可以保护自己、满足自己，也可以满足你、被你和家庭所需要。

- 我的安全感不是你能给的，从你身上获得的安全感随时随地都会被拿走。我不依赖你给予，我可以获得属于我自身的安全。

- 我看清了不安全感的真实面目，从此获得解脱。

- 我可以让自己处于安全感的范围之中，我也拥有可以适当调节安全感到界限边缘的能量。

- 我深信，能力和价值是后天形成的，也是可以逐渐提高的，我可以通过学习而提升我自己的安全感。

- 我有自己人生的方向和意义，我有自己的人生使命。

◇ **好的亲密关系也需要分离**

- 我深知，要建立良好关系的安全感，我也要学会分离关系。

- 亲密关系里，我们仍然是独立的个体：我需要你，但我不是只有你；我们可以腻在一起，但也要给彼此留出私人空间；穷追不舍换不来爱情，亲密有度才能建立健康的爱情关系。

- 我的爱情，最重要的是相处舒服自在，不卑微渴求安全感，就是我最大的安全感。

- 我不要把过多的精力放在寻求安全感上，而是把时间用在自我提升上，自信独立而后爱人。

- 与其整天担心失去你，不如不断提升我自己，让你担心自己的不够优秀。

- 因为我不断学习和提升自己，朋友欣赏我，爱人喜欢我，家人离不开我，我也深深地爱着我自己。

- 真正的安全感只有自己能够给予，安全感源于我的自信，自信源于自我提升。

- 我保持个人的独立，我修正自己的情绪，我拒绝过去影响现在；我学会有效的沟通，不一味地寻求保证；我学会成熟，我降低期望值；我强大内心，我随遇而安！

16 宽恕与真爱

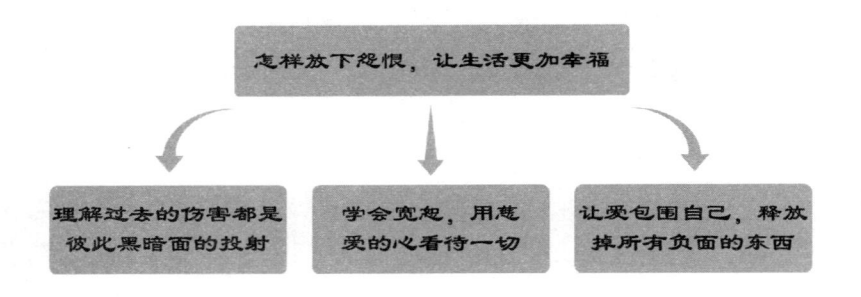

```
        怎样放下怨恨，让生活更加幸福
       ↙              ↓              ↘
理解过去的伤害都是   学会宽恕，用慈   让爱包围自己，释放
彼此黑暗面的投射     爱的心看待一切   掉所有负面的东西
```

[说明部分]

宽恕别人，最先受益的是我们自己。在我的职业生涯中，经常有来访者跟我表达他心中的怨恨。甚至有些人已年过半百但仍无法放下对父母的怨恨。他们背负这个恨走了这么多年，其实自己也是很痛苦的。不仅如此，有人因为怨恨还把自己的生活搞得一团糟，夫妻关系、亲子关系都出了严重问题。但是他们却仍然没有意识到自己需要对这些后果负很大的责任。

在学习爱的这条路上，不完美是人生的真相。首先，要安放好我们内心的情绪；然后，我们才能看清问题背后我们彼此内心真正的需求。在亲密关系里，一切的表象最终都指向爱的缺失，所以我们要洞见的是情绪如何而起，最终如何安放。

当我们苛责对方的时候，想一想自己内心真正的意图是什么，也要想一想自己为此目标也需要担一份责任。当我们要求对方完美时，想想自己也有不完美的地方，是不是就会多一分宽容。与其说是宽容对方，不如说是宽容了自己。苛责里，我们的爱少了，只看见对方的缺点和不完美，爱必然是少的，怎么能有心念和力量去宽容、去原谅。

在亲密关系里，多念对方的好，才会有能量去包容和心疼，让对方感受到爱的感动和温暖，这才是保卫爱情的源源不断的动力。

放下怨恨是一个很难的过程，一开始也许很难做到祝福和宽恕，但是只要我们愿意尝试，不要想太多，把心放空，跨出第一步认真去做诵读训练，我们将逐渐感受到奇妙的心灵力量，感受到自己和身边人的心逐渐变得柔软，我们也将遇见越来越多的奇迹！前路漫漫，打开心结，放下怨恨，才能轻装上阵，恕人恕己，心里才会照进光明！

[诵读训练]

◇ 犯错是每个人成长的必要过程

- 现在我了解到,犯错是每个人学习成长的必要过程。

- 我原谅过去我所做过的一些事情,我原谅自己的不够完美。

- 我释放过去对自己的否定的、负面的、破坏性的想法;我释放你对我投射的所有否定的、负面的、破坏性的想法。

- 我愿意完完全全释放自己,我愿意完完全全宽恕你。

- 所有的痛苦其实都只是我内心的妄念和执着的结果。

- 我宽恕我过去的一切,也请求你的理解和原谅!

- 感谢你已经理解并且完完全全地接受我了,感谢你已经完完全全地原谅我了!

- 我渴望内心得到平静安宁,我要幸福快乐,我也要你幸福快乐，所以对于过去所有的伤害造成我们生命的痛苦，我选择宽恕你。

- 现在我能理解，你当时的所为是出自内在阴影的投射，当时你也在受苦。我愿意用最柔软包容的心来理解你、接纳你、宽恕你。

- 为了彼此的自由和幸福，我决定把自己从被束缚的痛苦记忆中解放出来！

- 我愿意接受并相信，过去所有的冲突和伤害，是来自彼此的内心黑暗面所投射出来的误解所造成的。

- 我理解，攻击我、伤害我、对我不友善的你的内心必然也是伤痕累累；你曾经历过很深的痛苦和折磨，你的内心储藏着一颗愤怒压抑的种子；你是在向外投射过去所受到不公平对待的痛苦，但不管怎么样，你也和我一样渴望理解与被爱。

◇ **宽恕就是爱**

- 请宇宙赐给我足够的爱和力量，去接纳那些曾经对我的伤害和痛苦。

- 请让我用慈爱的心来看待你。

- 让我有一颗柔软开放的心，能够觉察到你的痛苦和快乐。

- 我知道，宽恕是我人生最重要的功课，我愿意敞开我的心，将宽恕传达给曾经伤害过我的你。

- 我的宽恕，让我越来越有能力去爱自己、去爱你、去爱更多人！

- 我的宽恕，让我越来越幸福快乐！

- 我的宽恕，让你越来越幸福快乐！

- 我的宽恕，让更多人越来越幸福快乐！

◇ **感谢面对过往的人和事**

- 谢谢你，给了我这段经历。

- 谢谢你，陪我一起经历过。

- 谢谢你，我此刻只有感谢，没有怨恨。

◇ **我愿意选择宽恕**

- 当我选择宽恕、扩容心胸，我就会汲取宇宙自然中更多的能量，我能感受到更多的爱充满着我、滋养着我、包围着我，让我感觉无比的轻松和自由。

- 宽恕让我放开了手脚，打开了眼界，提高了维度；我能用慈爱的眼光来看你，我看到你在渴望爱，你在努力学习爱。

- 我决心努力不再重复过去的痛苦模式。

- 我身上所有远离爱的负面意识、负面思想都完完全全地溶解释放了。

- 光明已经来到，因为我选择了宽恕；幸福已经来临，因为我选择了宽恕。

- 感谢所有我曾经经历过的痛苦，那些过程让我能对你的痛苦感同身受，让我的心能更柔软平和地理解、原谅与放下！

- 我深信，过去生命中发生的所有一切都是在宇宙规律下必然的安排，也是给我的相应的历练！

- 所有的一切，都是我选择的结果，今天我选择宽恕过去发生的一切，我对过去的选择负责；当我选择宽恕时，我的内心越来越和谐、平衡。

- 心宽则人安，心大则福大；心宽一寸，路宽一丈。

- 心宽了，烦恼自然就少了，日子自然就顺了，人生也会圆融自在了。

◇ 我主动选择宽恕

- 我已经完完全全原谅你了，你也完完全全原谅我了。

- 我让你完完全全自由了，你也让我完完全全自由了，祝你幸福快乐！

- 我们之间没有任何纠葛了，我由衷地祝福你，我的内心充满平安喜悦！

17 接纳不确定性

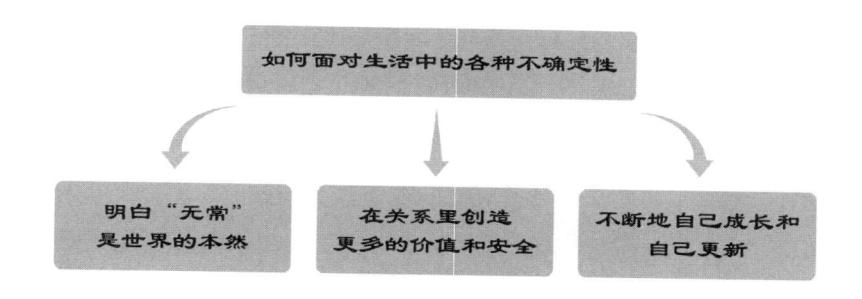

如何面对生活中的各种不确定性

- 明白"无常"是世界的本然
- 在关系里创造更多的价值和安全
- 不断地自己成长和自己更新

[说明部分]

我有一个来访者,她是第二次婚姻,对新的婚姻非常没有安全感,对不确定性充满了恐惧,总想着把房子、车子、存款等外在的物质紧紧握在自己的手中。因为只有这样,她才会觉得自己是安全的。她的第二任丈夫一开始对她很好,家里的财务大权都交给了她。但是因为她的这些行为,她的丈夫慢慢地开始不信任她了。她投射出的深深的恐惧和不安全感,让她的丈夫没有安全感了,于是把财务大权重新拿回自己手中,他们两个人的关系也开始变僵。

不断地想要得到确定的感觉，你的心灵反而是恐惧的、不安定的。这种不安和恐惧也会让你身边的人感受到，别人也会开启他自己的防御机制来缓解恐惧，于是你们之间的纠缠矛盾就产生了。

就像用手去抓沙子，越是紧紧地去抓，越是抓得少，但是你慢慢地、轻轻地、温柔地抓取一把沙子，你却能够抓取很多。

每个人的人生中都会有很多不确定的事情发生，我们如果去对抗的话，只会让局面越来越糟糕。只有当你接纳了，才不会产生很多焦虑、恐惧等负面的情绪，才能让你的心充满平静，这时候你反而可以生出新的力量去应对这一切。

[诵读训练]

◇ **不确定性是我的一种心念限制**

- 对一件事情在心理上一直想得到确定感，就会助长我的恐惧，让我缺乏安全感。

- 一直不断想得到确定感的心反而是不稳定的，就永远感受不到心安的状态。

- 靠山山倒，靠水水流，这个世界上没有什么是可以真正永远依靠的。

- 这个世界没有永远一成不变的，无常是世界的本然。

- 不确定不等于危险，不确定还可以代表更多可能性，我可以选择看到更多的机会；即使在经历变化和不确定的时候，我的生活仍然有很多东西可以让我保持稳定和可靠，因为我可以专注于我能控制的事情。

- 不确定性的恐惧只是我心智设下的一种心念限制，它是基于之前我的经历没有完全体验结束。也是因为，我没有能够在之前经历的事件中真正学会和掌握到什么。只有我真正的完整地体验了全过程，我才会真正地放下。

- 害怕生病、害怕失业、害怕失去所爱的人、害怕伴侣离开，于是，不确定性的恐惧变成了我的种种防御机制。

- 实际上，这个世界上百分之九十以上的担心都没有发生过。

- 转变心念限制，就可以让我放松下来，我就能接纳不确定性。

- 河水川流不息，草木生长向上，我的人生也永远是动态变化的，一切都在不确定下发展，我可以在不确定下成长。

◇ 亲密关系需要动态地维护

- 这亲密关系世界里，本来就没有谁应该属于谁，一切都在变化之中，所有的关系都在不停地、持续地维系而已。

- 我唯有自如地表达我自己的感受，而不是总是担心你的感觉，我才是让你着迷的；我唯有摒弃那些天长地久的复杂想法，单纯地享受彼此的一片诚挚，我才是最有魅力的。

- 我懂得，亲密关系的本质是一种交换，彼此都在寻求以最小代价获取最大价值的亲密关系。

- 与其担心你会不会离开我，倒不如想想，在这段关系里我怎样创造价值，让关系更加安全，这才是爱情得以延续的基础。

- 相互给予对方足够的情绪支持，让离开本身变成一件吃亏的事情。

- 唯有持续提供足够利益的伴侣，才能维持良好的亲密关系。

- 关系需要动态地维护，也会动态地变化，没有绝对的确定。

- 我接纳亲密关系中的不确定，积极地把握，朝向我确定的方向。

- 我接纳亲密关系中的不确定，淡然看感情，体验我的丰富生活。

- 我接纳人生中的不确定，笑对人生，超越自我，绽放生命。

- 确定感是我的一种执念在束缚我，让我紧张，患得患失，一旦放下，我就自由了。

- 追求确定感是一种偷懒的想法，只要我愿意一直不停地努力应对变化，就是我确定的关系态度。

◇ 我爱上不确定

- 我会发现生活中的人和事一直都不是确定的，导致我不去祝愿幸福了，也不去设想未来了；从现在起，我不要被当下的认知给框住，我要自己随着不确定而永远变化，永远更新自己。

- 我发现，爱情的美妙在于不确定后的快乐和浪漫。

- 生活没有标准答案可以给我，随时由我掌控。

- 这漫长一生，没有谁一定会陪我到最后一刻，我能做的就是"想爱时争取，相爱时珍惜，不爱时放下"，一切顺其自然是我最好的确定。

- 爱情变幻莫测，甜蜜、冲突、分手各种状态可能随时切换，任何时候我都能够生存下去，并积极做好应对。

- 亲密关系中的每一种样子都有它独有的意义，我都需要善用它的独到之处，不让自己被动。

- 每一天的不确定性都促进我学习提升自己，时刻提示我"今天我又学到了什么"。

- 我不确定未来会成为哪一种样子，但我可以有我自己的样子。

- 我握紧自己的自由，不成为环境和他人的牺牲品，不让无形的外力困住我自己，学会在不同的环境里自由切换穿行。我站到任何一个地方，都能够保持开放的心态、学习和成长。

18 放下控制

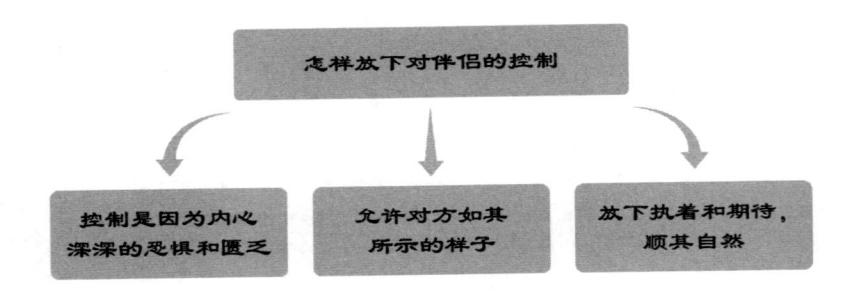

```
            怎样放下对伴侣的控制
          ↙            ↓            ↘
  控制是因为内心      允许对方如其      放下执着和期待，
  深深的恐惧和匮乏    所示的样子        顺其自然
```

[说明部分]

亲密关系里总期望对方听自己的，这就是一种赤裸裸的控制，让人压抑。

基于自然的规律，一切事情都有其运行的轨迹；在亲密关系里则表现为聚散离合。

当事情来时，挡都挡不住，好坏都得接受；当事情去时，你最好放手，执着只会痛苦。

人的控制欲体现为：不评估趋势、他人、外界和客观环境，一厢情愿认为自己可以主导一切。

如果我很执着，一心想要好的结果，就会变得患得患失，事情原本的走势因为自我的过度干扰，反而变得不顺利。在工作生活中，经常见到这种人。没有人喜欢被控制，所以控制欲强的人一生多挫折。

在亲密关系中掂量谁强谁弱，说到底都是出于控制的考虑，而一段充满控制、被控制、反控制的关系一定是痛苦的，不管你是强还是弱。

然而，人天然以自我为中心。从某种程度来说，每一个人都是一个潜在的独裁者，希望世界围绕自己转，人天然有控制他人的倾向，放下控制欲、摆脱被控制需要后天的学习，而这恰是幸福爱情的必经之路。

在亲密关系里的控制：越用力去抓，越易失去它；越努力去求，越适得其反；越执着结果，越易深陷痛苦。

[诵读训练]

◇ 控制你，是我的一种失控

- 控制是恐惧的代言人。我曾试图想要把一切抓在自己的手里，以巩固自己匮乏的身份。

- 我用来控制你的东西，最终却控制了我自己；我控制得越多，操心得就越多，消耗得就越多。

- 没必要非得让你都听我的，因为每个人都有自己的活法。

- 控制你，看似为你好，其实是一种伪善，过多干预不利于你成长；我放下控制，分清界限，尊重你，让我们彼此自由。

- 我的内心越是不稳定，越是期待外在环境稳定，其实，我更需要关注我的内心。

- 我会留一点好处让你占，留一点道路让你走，我的路才更宽。

- 控制你，是源于我的不放心，那我就放下那个"操心"；
控制你，是源于我的不信任，那我就放下那个"怀疑"；
控制你，是源于我的不安全，那我就放下那个"恐惧"。

- 控制就是在胡乱地寻找救命稻草，控制你，反而失去了真正的我自己。

- 控制不了我自己，才会通过控制你来弥补我内在的失控，从此刻起，我要学会掌控我自己。

- 我不需要通过掌控你来体现我的价值，因为我自身是有价值的。

- 我要把控制转化为支持和辅助，因为平等的相处才更和谐有效。

◇ 我遵循爱情中自由的原则

- 我深知，好的亲密关系是，我爱你但你还是你，我给你自由来爱我。

- 我不强迫你接受我的观点，如果双方仍然各持己见，各自可以保留自己的观点，我允许你保留你自己的观点。

- 我明白关系中的双方无论怎么亲密，都是两个不同的人，都有自己心念的自由，既要坚持做我自己，也要允许你做你自己。

- 我们的爱有一个原则，就是要基于彼此自由，是出于自愿的、心甘情愿的付出。所以，亲密关系中我还要给你不爱我的自由。有不爱的自由，付出的才是真爱。

- 我不控制，我不索取，否则得来的都是假象。

- 爱很奢侈，也很珍贵，我会时刻珍惜这份爱。

- 我最大的爱就是允许你去体验你想体验的一切，就只是允许。

- 我放下控制，顺遂万物，得来的都是真实的结果。

◇ **我放下控制**

- 亲密关系中的一切，都有其自身运行的规律轨迹，那就是聚散离合。

- 我放下控制，让和平来引领我做出所有决定，让爱告诉我去哪里，让我散发光芒，在我的生命里创造喜悦。

- 我放下控制，只需放松信任你，我允许彼此的生命内在自由绽放，我允许爱情自然结果的发生。

- 我放下控制，不意味着事情就会变得糟糕，反而是我们都会轻松和快乐。

- 我知晓世事无常，可我依然选择信任生命、信任你，完全地交托。

- 我放下控制，退一步会让更大的力量掌握；我放下控制，我随机应变，我顺势而为。

- 哪种发生都有因果，哪种结果皆可正面解读。

- 做任何事，我要尽自己最大的努力去做好，然后放下对结果的执着和期待，让事情顺其自然发生。

- 我的松弛状态是爱最真实的面目。

- 从今天开始，我愿意放松自己。

- 我愿意让自己有意地不去做一直以来只有我认为是对的事情。

- 我愿意尝试根据你的需求去做一些事。

- 我珍惜过程中的每一份感受。唯有如此,我才会懂得你是什么样的。

- 唯有我懂了你、我接受了你,我此刻才真正地爱上了你。

心灵随笔

通过这一阶段的学习,相信你也有很多收获吧!
输出才是自己的,把你的收获写在下面吧。

_____
_____
_____
_____
_____
_____
_____
_____
_____
_____
_____
_____
_____
_____

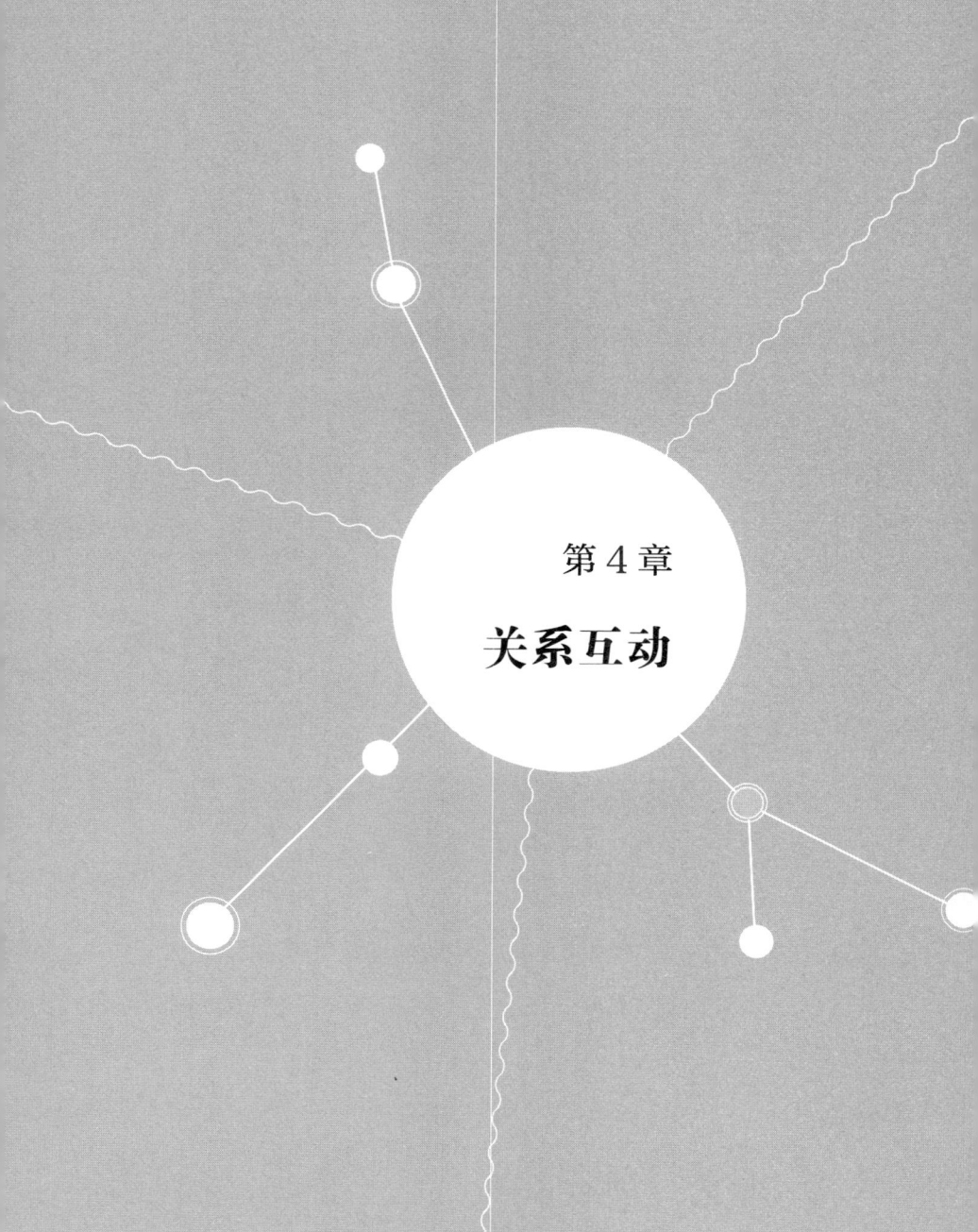

第 4 章

关系互动

19 聆听内心的需求

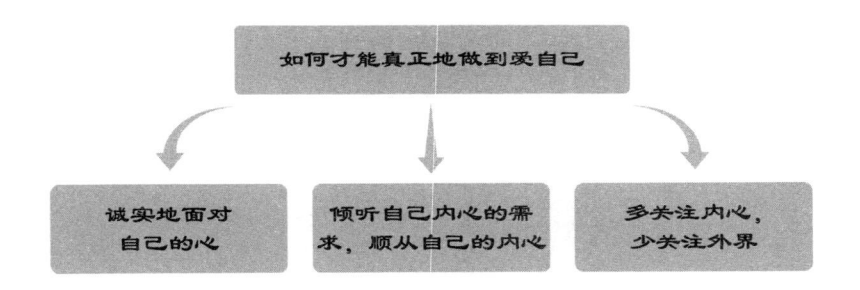

```
        如何才能真正地做到爱自己
       ↙           ↓           ↘
  诚实地面对    倾听自己内心的需    多关注内心，
   自己的心     求，顺从自己的内心    少关注外界
```

[说明部分]

你有认真地聆听自己内心的真实声音吗?

你很悲伤的时候，你对自己说"不要那么悲伤，要尽快地从悲伤的情绪里走出来"，但是你内心的声音就是很悲伤，就是很想悲伤一会儿。

当你明明很恐惧焦虑的时候，你告诉你自己"我不能恐惧焦虑，我要强大"，或者干脆做其他的事情来逃避，但是你内心真实的声音就是"我真的恐惧,很焦虑"。

当你明明非常不愿意做一件事的时候,你为了所谓的合群,逼着自己去做,但你内心的声音是"我真不愿意去做"。

我们很多时候都在无视或者对抗我们内心的真实感受和需求,我们的大脑告诉我们要去对抗。

但是,我们越对抗越压抑忽视,这些情绪反而会越来越猛烈。虽然当时好像效果还可以,但是一定会有很大的反噬。

哪里有压迫,哪里就有反抗。我们只有认真地聆听我们内心的真实感受,承认、允许它的发生,才能真正地把它处理好,这些情绪感受才会过去,才不会郁结在身体内给我们造成大的身心疾病隐患。

人生的大智慧未必是遵循外在的某些大道理,很多时候它恰恰就在于我们自身,隐藏在我们内心的声音中。

[诵读训练]

◇ **爱自己，我不被头脑里的心念所迷惑**

- 我知道什么是真正的爱自己。

- 我能够区分爱和欲望。

- 我能够区分爱和占有。

- 我能够区分爱和付出。

- 我能够区分爱和回报。

- 爱就是爱，没有一点附加条件，我只是爱自己，我只是爱你。

◇ **我聆听自己内心的需求**

- 在这个喧嚣的世界里，真正能够看透自己、走进自己隐秘内心世界的只有我自己。

- 聆听内心，才不会被纷乱的价值观绑架了自由的灵魂和身体，沦为生活和思想的奴隶。

- 如果我的心念很想做事，身体却想睡觉，我选择听身体的，放下固执的念头，聆听我身体背后真实的声音。

- 我顺从自己的内心。

- 想笑的时候我就笑了。

- 想哭的时候我就哭两声，不过瘾还可以干号。

- 哭和笑，都是我感知自己内心的捷径。

- 爱自己，就要认识到我心念的虚妄和身体的真实。

- 当我聆听内心时，我知道自己需要的是阳光还是雨露。

- 当我聆听内心时，就能找到心灵的需求和情感的归属，就能远离污浊之地，逃离束缚之境，就能让心灵之泉流出汩汩的活水，就能让脚下的路越走越平坦。

- 当我聆听内心时，我就能愉快地活着，为了自己的梦想和爱好而活，为了自己所爱而活，为了我的快乐幸福而活。

◇ 我会多关注心，少关注外界

- 过多关注外界的人，一定会爱自己少；因为爱自己是心的事，当心一直在外寻找，那谁来关注自己、爱自己呢。

- 爱自己，就收回对外界的关注，享受和自己独处的时刻，珍惜看见自己的时刻，多和自己在一起，慢慢地，我的爱就开始洋溢。

- 我那随时被外界所干扰的心，就像一个到处都是漏洞的水桶。

- 我愿意做一个完整的容器，一任世界的爱意流进来，从不担心会枯竭，也不理会什么时候会满了。

- 我知道，爱该来就来了，该走就走了，永远不会缺乏。

- 爱你，不光因为你的样子，还要看我们在一起时我自己的样子。

- 爱是起点，我的样子是终点，我需要两者兼顾。

- 不管前方的路有多苦，只要走的方向正确，不管多么崎岖不平，都比站在原地更接近幸福。

20 我尊重我自己

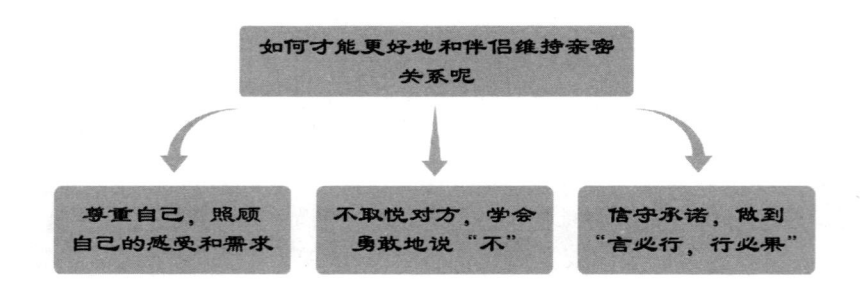

```
                   ┌─────────────────────┐
                   │ 如何才能更好地和伴侣维持亲密 │
                   │        关系呢        │
                   └─────────────────────┘
                    ↙         ↓         ↘
      ┌──────────┐   ┌──────────┐   ┌──────────┐
      │尊重自己，照顾│   │不取悦对方，学会│   │信守承诺，做到│
      │自己的感受和需求│ │勇敢地说"不" │   │"言必行，行必果"│
      └──────────┘   └──────────┘   └──────────┘
```

[说明部分]

你是否有过为了照顾他人的情绪而委屈自己的经历？

明明自己的内心世界已经很疲惫，但是面对朋友爆发式的负能量，你依然选择做一个忠实的聆听者。

在工作中和同事发生了冲突，为了不引起更大的冲突，你退让了，独自一个人吞下了所有的不快。

在家里你总是把爱人、孩子的需求放在第一位，而常常忽视了自己的需求。

细细地觉察一下，为了别人忽略了自己的感受有没有觉得很委屈。在这个过程中，有没有带着一丝的隐忍和迁就。如果下次你们发生了矛盾，你会不会有怨恨，会不会觉得我为了你付出了很多，但是你做的事情达不到我的期望，伤害了我的感情。

- 我为了你起早贪黑，辛苦工作，结果你考这么点分。

- 我为这个家付出了这么多，你一点也不体谅我。

- 为了你的事我付出了我的休息时间和很多的精力，但轮到我找你时，你竟然推脱了。

而当你有了这些情绪的时候，你的家人、朋友也会有对抗的情绪产生，你所有的付出也不会被看见。此时，你就会陷入费力不讨好的境况里。

尊重自己的感受，照顾好自己的心才是智慧，这样你才有力量去尊重和照顾他人的感受。你的内心也就不会有那么多的不满和怨恨，不会活得那么拧巴和委屈。当你的内心拥有了力量，再去照顾别人的感受你就不会觉得为难了。爱满自溢，你的内心丰盈，即使别人没有任何的回报，你也不会觉得难受。

[诵读训练]

◇ **关注自己的感受，就是尊重自己**

- 与你的互动，不是我走九十九步你却迟迟犹豫是否迈出那一步；我深知，良好的情感互动需要一种动态的平衡。

- 我有节制地爱你，无条件地爱自己，才是真的尊重我自己；尊重我自己就不妄自菲薄，对自己的言谈举止负责。

- 没有一个不懂自尊的人可以得到别人的尊重。

- 我知道你照顾和包容我，但这不等同于尊重我。

- 我是一切的起点，一切就从尊重我自己开始。只要我懂得尊重自己，就不会为非作歹，就不会做出让人轻蔑的行为。

- 我看到我自己的真实，无论优点还是缺点；我听到我内心的声音，无论是黑暗还是光明。我尊重我自己的界限。

- 你对我的评价不会影响我头脑清楚地认识自己。

- 我会由我及你地去感受你，己所不欲勿施于人是我的交往原则。

- 我懂得，老吾老以及人之老。

- 我懂得，一切因缘果报都是在那个时候会发生的。

- 遇到事情我会分清楚人和事，我会让自己在每件事中学习和进步。

- 我懂得界限和分寸。

- 我懂得尊重你，并且同样维护自尊。

- 你对我的一切看法都是我自己对自己评价的外现。

- 我给自己的内心留有一块纯净之地。

- 我敢于对自己说"不"。

- 我会礼貌地对你说"不"。

◇ **我尊重自己的真实需求，不强迫自己做做不到的**

- 我尊重自己的界限、感受和需求，而不是更多自责和内疚，同时也减少了把问题扩大化和投射给你的机会。

- 我尊重我的每一个感觉，不管是好是坏，因为每一个感觉的背后都有真心话要说。

- 我开始学着爱我自己，我不再批判自己做得好不好，我不再处处与你比较，我不再活得那么辛苦，我做真实的我自己。

- 我做我自己，我接受我自己，我尊重我真实的样子。

- 我尊重我自己，我不再为你而活。

- 我尊重我自己，我不再为面子而活。

- 我尊重我自己，我做我自己的主人。

- 我尊重我自己,我要活出我自己。

- 对你好,我可以做很多,但绝不会感到为难,更不会为了你而放弃我自己。

- 当下的内心感受是最真实的,我会清楚地区分"礼貌的分寸"和"懦弱的委曲求全"。

- 我知道自己会有情绪,我也不违背自己当下的情绪。同样我懂得,情绪之后是需要去理智处理的。

- 我是活生生的人,我有七情六欲,我同样懂得情绪压抑和道德绑架的后果。

- 我做真实的人。

- 我做有自尊的人。

- 我懂得敬人者人恒敬之。

◇ **我尊重我自己的言行**

- 我言必行,行必果,我对自己的每一句话负责,我对我的所有行为负责。

- 我不再唠叨、让自己的话变成废话，我要让我的每一句话都产生力量和结果。

21 做好自己

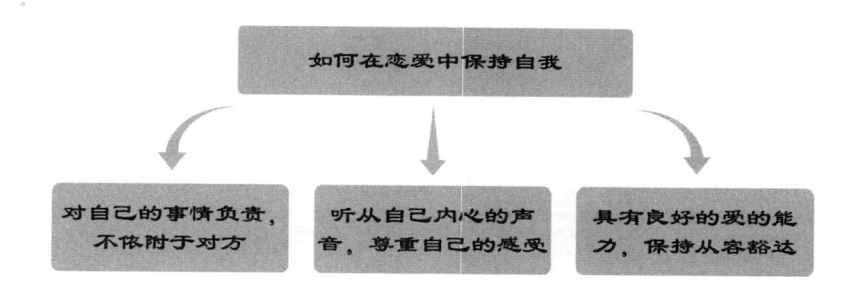

```
        如何在恋爱中保持自我
       ┌─────────┼─────────┐
       ▼         ▼         ▼
  对自己的事情负责,  听从自己内心的声   具有良好的爱的能
  不依附于对方    音,尊重自己的感受   力,保持从容豁达
```

[说明部分]

在恋爱中,有的人容易丢失自己,做不好自己。

有的人一旦坠入爱河,就完全陷进情网里,完全没有了自己的世界,把所有的爱都放到了伴侣身上。因为爱得太浓烈,把对方几乎当成了自己生命的全部,所以他一味地付出,无微不至地照顾对方。从物质层面极度地付出后会再从精神层面无度地去索取,但这份索取常常会让对方喘不过气来。

所以，你不理解：我这么爱他，他都不肯陪我、不肯爱我、不肯关心我，还要找别的人。

亲密关系中最可怕的事是：我在现实层次尽我所能照顾你，你就必须在心理层次回报我、给我爱、给我安全感。过度地索爱，往往会让伴侣想远离你。

我们要知道，爱情、婚姻只是生活中的一部分，不是生活的全部，一旦变成了全部，就会出现问题。一个人过度索取，另一个人就会感觉窒息。

人格独立的人，在亲密关系中才是持续有魅力的。

在亲密关系中有自我，做好自己，敞开自己，你就拥有爱的能力，你获得的爱的体验就越多，你对伴侣的爱的需求就会相对减少，你和伴侣的关系就会进入良性循环。

良好的自律，做好爱情中的自己。这样的人和谁在一起都会幸福。

[诵读训练]

◇ **我对自己的爱情负责**

- 我自己的事,我就是主要责任人,我自己担负起责任,不依附于你。

- 我的爱情主要是我自己的事。我曾期盼你的认可,到最后才知道,爱情主要是我自己主导的。

- 恋爱中,我不需要太多虚假的外衣来包装自己,做真实的自己才会活得更轻松。

- 一些人、一些事,只要我用心爱了、尽力做了就好,就没有遗憾。

- 人生路上,总有一段路要我自己走,总有一些事要我自己做,没人帮我,没人替我。

- 我对自己的爱情负责,做好我自己要做的事;我对自己的爱情负责,走好我自己要走的路;我对自己的爱情负责,爱我自己喜欢的人。

◇ 我度我自己

- 我的生活不能等待你来安排，我要自己去争取去奋斗，这样我才能让自己变强大。

- 我的人生我自己悟，我渡我自己，真正的智慧和福报都是我自己决定的。

- 我不将过多的期望寄托于你，我靠自己的内在改变减轻执念，放下固执，从容应对各种苦恼，认清我自己的身份，安于我自己的位置。

- 我做好自己应该做的事、能够做的事，放下做不了的事。我做我自己的靠山，我的命运我自己来把握。

- 我的生命意义终究是为了活出我自己，爱情是我自己的，我不辜负自己，我不辜负我的爱情。

- 我不依赖你，我不迁就你，我为我自己的爱情负责。

- 我的价值并不在于你的认同，我自己认同自己，我尊重我自己的感受。

- 不是我的事，我就会懂得温柔地拒绝，我勇于表达自己。

- 我不会因为受到过批评，就放弃自我。

- 我不会因为错过，就不敢再来。

- 我不会因为黑夜就失去对光明的渴望。

- 听从我内心的声音，不为了你的喜欢去勉强自己，懂得智慧地拒绝也是爱我自己的表现。

◇ 具有爱的能力，和谁在一起都幸福

- 我无须用一种自虐的方式制造出一种痴情的假象来使自己站在感情的道德制高点上，获得一种畸形的满足感和掌控感。

- 我要懂得克制自己，克制自己的情绪，克制自己的表演欲，甚至克制自己的掌控欲。

- 恋爱中，谁也无法承担另一个人的价值寄托，我只有做一个独立的、有价值的人，才能真正学会去爱你。

- 没有你,我的爱情只是个故事。

- 我尊重自己,我尊重自己的选择,我懂得捍卫自己的爱情。

- 与其对你说感同身受,不如曾经沧海。

- 我具有良好的爱的能力,我不会尝试改变你,徒劳无功。

- 恋爱中做自己就好,爱情的真谛在于相互地吸引、志趣相投地同行,而不是追逐和依附以及自我感动。

- 恋爱中做好自己,愿我少一点不甘,多一点看淡;恋爱中做好自己,愿我少一点迎合,多一点自我;恋爱中做好自己,愿我用从容豁达的姿态,活出自己的滋味。

22 尊重彼此的心理界限

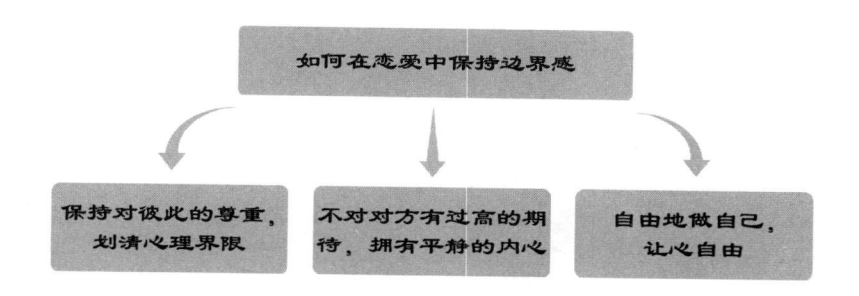

```
         如何在恋爱中保持边界感
        ↙          ↓          ↘
保持对彼此的尊重,  不对对方有过高的期   自由地做自己,
划清心理界限      待,拥有平静的内心    让心自由
```

[说明部分]

国与国之间有边界,如果一方越界了,两国就会起冲突甚至爆发战争。人与人之间也有物理边界,如果离得太近,会让人产生不适感;人与人之间还有心理上的边界,但这个通常是我们很多人会忽略的。

你是否有过或者遭遇过以下的经历?

- 常常查看另一半的手机。

- 按照自己的想法为另一半做他并不需要的事情，并告诉他这是因为"我爱你"。

- 干涉甚至限制对方的自由。

- 把自己的意愿强加到对方身上，你不照做就是不爱我。

这些都是不尊重对方的心理边界。

心理边界是个人所设立的边界，通过它我们可以知道什么是合理的、安全的和被允许的行为，以及当别人越界的时候，自己该如何回应。

对于我们每个人而言，心理边界就好像那道守护我们内心世界的护城河，是否清楚、能否划好，关乎我们内心世界的安全感。

和别人边界模糊，就会时常越界，打着爱的名义践踏对方的边界，让对方感到痛苦和窒息，伤害了别人也会反过来伤害到自己；心理边界太宽了，别人就进入不了你的世界，这也会伤害你和伴侣之间的关系。

很多的人际关系问题都是因为心理边界不清导致的,如果心理边界掌握得恰到好处,那么既能够保持自己独立的状态,也不会越过那条界限去干涉别人的自由,这样自己舒服,别人也舒服。我有自己的爱好和个人空间,不想被过多地管制;你有你的空间,我也不会限制你的自由。

尊重各自的边界,才能维持长久和谐的关系。

[**诵读训练**]

◇ **你是你,我是我,但我们可以同行**

- 我要在心理上划清与你的界限。

- 我时时觉察自己在哪些看法、情感和行为上与你的界限不清楚。

◇ **我的心理界限清楚**

- 我与你的关系没有近到失去我自己的程度,也没有近到把你当成我自己的一部分的程度，我还是我，你还是你；我不会离你太远，不会远到丧失爱你的能力，在我真正需要的时候，我也会从你那里获得安全感与温情。

- 即使在夫妻之间、父母与儿女之间、朋友之间，我也有清楚的心理界限。

- 我知道，界限清楚并不意味着没有情感，而是需要保持彼此的尊重。

- 对于两个都有着清楚自我界限的人，人与人之间的情感交流才是最深厚、最真实和最有价值的。

- 我有时会让关系近一点，彼此都互相需要，但也不要近到分不清哪个是我、哪个是你；有时会让关系离远一点，但是不要远得在需要爱的时候听不到彼此的声音。

- 我知道，界限清楚的我和你是彼此需要的，也是彼此自由的。

- 距离产生美，不只是物理空间上的，更是心理上的。

- 我懂得，和你保持界限就不会打扰到你的私属领地。

- 我懂得，和你保持界限就不担心你的侵犯。

- 我懂得，和你保持界限就能够得到你的独立回应。

- 你是你，我是我，但我们可以同行。

◇ 我不期待你

- 我不期待你，我就没有失望，留下的都是平静。

- 我不期待得到你的夸奖，因为我认可我自己；我不期待得到你的关注，因为我爱我自己。

- 我不期待你按照我的想法为人处世，我一切随缘；我不期待你看到我的难过、懂得我的脆弱，我要做自己情绪的责任人。

- 我不期待都得彼此一致，我尊重你我之间的个性差异。

- 我从期待中走出来，回归我自己。

- 你的言行举止是你的事，我不是你的负责人，我不期待你。

- 我需要做的就是呵护好我自己的感受、保护好我自己，我对自己的感受负责。

- 我的存在价值不是由你决定的，而是我自己决定的。

- 你夸我，我不骄傲自满；你损我，不影响我的分量。我无须对你抱有期待。

- 我尊重差异、理解差异，我不期待，我就不会受其束缚，我的心就会自由。

- 没有期待就没有失望，你的言行就不会影响到我的任何言行举止和决定，我做我自己的主人。

- 我不期待，我们尊重彼此，我们自由地做自己、享受其中。

- 界限力是一种神奇的东西。

- 尊重彼此的心理界限，做一个人格成熟的人，你是你，我是我，也可以是我们。

- 就像 H 和 O 永远不是一回事，但是如果 O 愿意并且接受 H 的 2，那么他们就会拥有完美的爱情——H_2O。

23 尊重差异

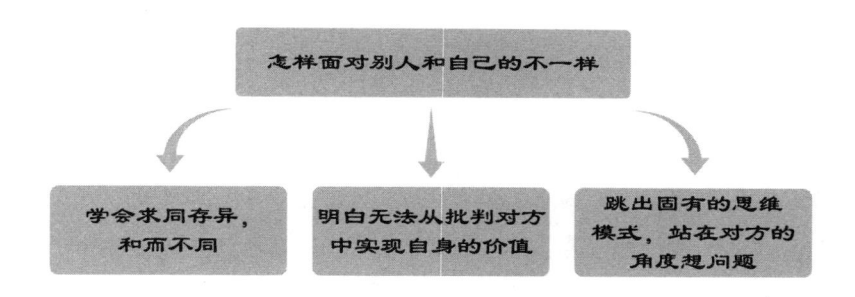

```
        怎样面对别人和自己的不一样
       ↙           ↓            ↘
  学会求同存异，  明白无法从批判对方   跳出固有的思维
   和而不同      中实现自身的价值   模式，站在对方的
                                 角度想问题
```

[说明部分]

你看到的世界是你内心的折射。

王阳明说过，天下无心外之物，万事万物都是人内心的投射。

比如，一个善良的人目光所及之处，皆为美意；一个恶人，他眼中的世界就荒芜阴冷。

有这样一则故事，充分说明了这个道理：

某天，苏东坡和佛印和尚在林中打坐。

日移月动，竹影摇晃。一片寂静时，佛印突然开口，对苏东坡说："观君坐姿，酷似佛祖。"

苏东坡听了心里一阵欣喜，又起了捉弄他的念头。于是看着佛印的倒影，说："上人坐姿，活像一堆牛粪。"

佛印没说什么，只是微微笑。

苏东坡回去之后，心中暗暗得意："总算让佛印和尚吃了个闷亏。"

但是相比之下，到底是谁输了呢？

心里有佛，看谁都似佛。那些处处贬低别人、只能看到事情不好的一面的人，是不是内心不够强大呢？

现代心理学研究表示，我们会更厌恶那些跟自己有类似缺点的人。也就是说，一个人如果在外界看到了类似自己的缺点，那么他会越发生气，越发排斥。

所以你会发现，那些总说别人愚蠢的人，其实是对自己的智力不够自信。那些总说别人"物质"的人，自己可能才是真正的拜金主义者。

因为，成熟的人更能尊重彼此的差异。

著名哲学家罗素说过："须知参差多态，乃是幸福的本源。"

越成熟理智的人，越能看到世间万物的多面性，便越能包容和尊重他人的差异性。

正所谓"君子和而不同"，在具体的问题上不必奢求一致，但却不妨碍彼此之间互相欣赏。

北宋两大名相都有此胸襟。

> 司马光，保守派。王安石，改革派。
>
> 两人互为政敌，彼此都认为对方的主张荒谬至极。
>
> 司马光落魄时，皇帝让王安石评价司马光，王安石对

其人品、能力、才学都给予了高度的赞赏，司马光因此得以全身安然而退。

后来，王安石遭到弹劾时，皇帝询问司马光建议，他恳切地说："疾恶如仇，胸怀坦荡，忠心耿耿，有古君子之风。"

后人将他俩的这段渊源美誉为"君子之争"。

在亲密关系中又何尝不是如此呢？

[诵读训练]

◇ 尊重就是求同存异

- 分别、区分是我用来认识这个世界的方式。

- 我习惯于将遇见的人和事分门别类，根据它们不同的特点再从中划分出"我喜欢的"和"我不喜欢的"。于是，我经常想当然地认为"我喜欢的"就是好的，而"我不喜欢的"就是不好的。

- 我的观点和想法不可能永远正确，我不可能知道所有的答案，同样，我做出的判断不可能总是对的；那些被我评判归类为"我不喜欢的"，本质上只是与我以往接收的观念有所不同而已。

◇ 差异之中并没有对错的分别

- 我无法从评判、否定、指点他人中实现我的价值，而我因为差异而产生的判断只会变成我们彼此的伤害。

- 那些"我不喜欢的"会一直以它们的形态存在下去，它们的存在同样遵循着宇宙自然中的规律，它们也有它们存在的合理性。

- 我的评判和狭隘只会影响到我们，为我们良好的沟通关上一扇又一扇门。

- 从现在开始，我将打破执着于我心念的条条框框。

- 大千世界，各有不同，我怀着对宇宙世界自然规律的敬畏之心，我允许并尊重不同的声音。

- 当我开始接纳你我之间的差异，我与你之间的隔阂就少了，因为我们都是不同形式的存在。

- 即便面对同样的真相，不同的人给出的评价也会不同。

- 站在我自己的视角去观察，所看见的可能只是表象而已。

◇ **成熟的人更能尊重彼此的差异**

- 我的评价是一面镜子，映出我自己的认知水平和真实想法，所谓仁者见仁，智者见智，那我的评价见到的又是什么呢？

- 生活中没有那么多理所当然，我没必要总站在自己的角度，以自己的眼光和认知去评价你。

- 我愿意做一个宽厚成熟的人，在守好自己底线的基础上，学会换位思考，包容不同，不随意评价你，这是我为人处世的智慧，也是我做人最基本的修养。

- 我逐渐发觉到，我们都有自己的难处。我接纳你我之间的不同，我尊重彼此的差异，我对你责怪的频率就越来越少了。

- 当我把曾经看不过的人和事变得云淡风轻，意味着我就越发成熟。

- 须知参差多态，才是我们幸福的本源。我越来越能看到你的多面性，越来越能包容和尊重与你的差异性。

- 在具体的问题上我们不必奢求一致。尊重差异，因为我们是平等的，我们彼此之间可以互相欣赏。

◇ **和而不同曰为贵**

- 尊重差异，意味着我对你是"和而不同"的态度，我经历得越多，内心就越通透，就越懂得包容和接纳你我之间的不同。

- 君子和而不同，"和"是因为我认同你的人品，"不同"是为了坚持我自己的主张。

- 我尊重你的人格，但我未必同意你的观点；我反对你的某个理念，并不意味着否定你的全部。这就是我的做人原则。

- 生活中我们彼此不同，理解你是我的一种涵养，尊重你的不同是我的一种境界。

- 对于你说错的话、做错的事，我不会放在心上，更不会因为你的过失而染污我自己的心灵。

- 我做一个真正成熟的人，我心中充满的是善良、宽厚、仁爱这些美好的东西，我眼里看到的也都是美好的事物，再也没有那些恼人的是是非非。

- 和而不同是因为我跳出了低级简单的二元论陷阱。

- 尊重差异，因为我们是平等的。

24 搁置评判，多视角看你

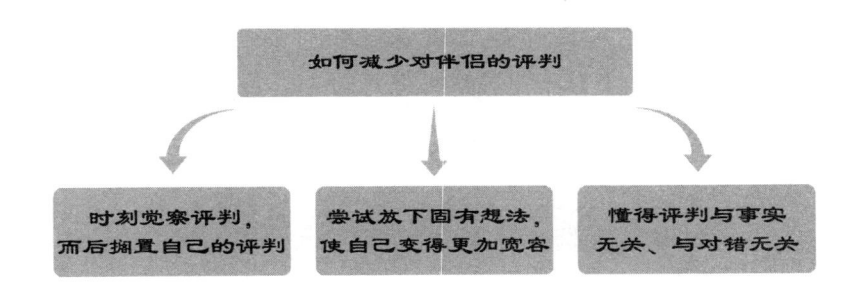

```
           如何减少对伴侣的评判
         ↙          ↓           ↘
  时刻觉察评判，  尝试放下固有想法，  懂得评判与事实
  而后搁置自己的评判  使自己变得更加宽容  无关、与对错无关
```

[说明部分]

评判别人大概就是：我觉得你是一个很自私的人；你不可以这样做，那样才是对的；等等。

当别人这么评判我们的时候，我们往往感觉很愤怒："你凭什么这样说我，你是谁啊，凭什么对我说教。"评判别人其实就是在自己还不够了解的情况下，经自己的主观加工后给别人下定义、贴标签。自以为可以把别人的生活放在自己的秤上称重，到头来却把自己的秤给压坏了。

我们不能够接受自己是个不好的人，就把自己不好的部分投射到别人的身上，这就是我们去评判别人的主要原因。

强迫自己不去评判别人是没有用的，除非你敢于真实地面对你心里那个糟糕的自己。承认自己很自私、不聪明、小心眼等等的那一面，并且不为自己的那一面感到很羞愧，那么你就可以慢慢与自己的那一面和谐相处了。

一个人的独立是从发现并且尊重别人与我们不一样开始的，当你学会了与自己相处，容纳两面性才是一个完整的人，进而你才能学会允许别人成为他自己，才能允许别人不同，才不会去评判。

强迫自己不去评判别人，不仅做不到，而且会因为又去评判别人而陷入自责中。

人们很多看起来不健康的行为，实际上都是在没有其他方法的前提下，不得不选择一种扭曲的方式来获得一点暂时满足感，来填补自己的匮乏。

扭曲的方式也不过是某一种视角而已，一旦打开多视角，看法自然也就随之改变了。多视角也代表着更成熟的方式。

不去评判他人，并不是强迫自己不要那么做，而是要允许自己的这种行为，并且不因为这种行为而责备自己。当你自己允许了自己，自己体验够了这些感觉，这种行为自动就会消失。

当你真正接纳了自己，接纳了自己本来的样子，当然你也就更成熟了，你就不会再去轻易评判别人了。

[诵读训练]

◇ 我觉察心中的评判

- 我是否在评判呢？我是否在贴标签呢？

- 下意识地评判你，我是否有些自以为是呢？

- 对于那些被我妄下评论的人和事，我真的了解吗？我是否真的想过要去了解？

- 我是否不知不觉地戴上了有色眼镜？

- 我做出这些评判真的能够改变任何事吗？如果不能，我还能做些什么？

- 评判你、评判外界，我真的能够从中有所收获、有所进步吗？

- 评判这种方式真的能够证明我自己吗？

- 我的评判和贬低，真的能够为我或你带来任何积极的影响吗？

- 我可不可以退一步，先从一个评判者的身份中脱离出来？

- 人活着就要选择，要选择就要评判。我有选择的权利，我也有评判和不评判的调节能力。

- 我时时觉察，面对我不了解的人和事，我有哪些不经意的揣测？

- 我可不可以放下我那些固执的看法？

- 如果我尝试着不主动评判、臆测、下定论，会发生什么呢？

- 我有没有可能从我骄傲的视角里走出来，开始试着寻找新的角度呢？

◇ **我可不可以变得更宽容**

- 我之所以放不下那些对你对事的固有看法，是因为在我成长的过程中，经历了一些"受伤害"的事。

- 杯弓蛇影和一朝被蛇咬十年怕井绳是我习惯性评判的思维方式。

- 如果过去的生活我不满意的话，我要看看是哪些评判在加重我的痛苦。

◇ **搁置我的评判**

- 每时每刻，我的脑海中都会浮现出各类对你的评判。

- 我知道这些评判是我下意识里产生的，它们不可避免。

- 而能够觉察到这些评判的存在，就是我自己掌握主动权的第一步。

- 对于脑海中的这些评判，我可以选择不做任何回应、不做评判的评判。

- 我把评判当成一个个普通的想法、念头，任它们自然地出现、自然地消散。

- 评判就像我脑海中川流不息的车流，匆匆地来，也匆匆地去。

- 此时的我就像站在路旁，静静看着我眼前的车流交织，我却从未置身其中。

- 我不需要刻意抑制评判的产生，也不需要与这些评判发生任何纠缠。

- 不被评判所裹挟的我，也就会变得身心轻松，我要做的只是观察我的想法。

- 我可以不跟随着想法，不被想法引导，不被想法影响。

- 当我觉察到评判出现时，我就选择慢下来，以旁观者的角度，有意识地看着我的念头和想法如何流转。

- 我的想法不能主导我，因为我才是我自己的主人，我可以搁置我的评判，我有能力掌控我的意识。

◇ 我可以看见更多

- 我懂得，我的评判与事实无关，我的评判只是我的认为。

- 天底下的人和事从未因为我的评判而改变。

- 没有了我的评判，世界还是在运转。

- 我的评判只是件消耗自己的事。

- 我的评判只是我在对你的局部进行描述而已。

- 本质上，每个人、每件事都有着各个不同的视角。

- 没有一种单一的评判能够完整概括出事物复杂的本质。

- 我过去的偏见和直观感受进一步阻碍了我看清你的全貌。

- 这些片面的评判导致我为自己的头脑戴上了枷锁。

- 原来,我所看到的表象只是我自己过去的经验而已。

- 正因如此,我所看到的一切原本不具任何意义。

- 正因如此,我所看到的一切所具的意义,完全是我自己赋予的。

- 正因如此,我并不完全了解我所看到的任何事物。

- 今后,我可以少一些固执,少一些先入为主的傲慢。

- 我不再仅仅通过自己的感受就对你下结论。

- 我不再因为我感觉良好,就把你归类为"对的";我不再因为我感觉糟糕,就把你归类为"错的"。

◇ **我的感觉与你的对错无关**

- 我的感受仅仅是我对于接收到的内容进行消化整理后做出的最初反应。

- 我不再让我的最初评判主导我的头脑。

- 我主动摘掉我的有色眼镜，撕下我心中对你的标签；我要采取一个更为宽广的视角，尽可能用客观的眼光，看见你本来的样子。

- 从现在起，我看你时，还可以有很多的视角。

- 世间千姿百态，人人生而不同，用我自己的标准去找期待的答案，永远是零分的结局。

- 我懂得尊重你的不同，搁置评判，不去插手你的人生，我会多视角看你。

心灵随笔

通过这一阶段的学习,相信你也有很多收获吧!输出才是自己的,把你的收获写在下面吧。

_____

_____

_____

_____

_____

_____

_____

_____

_____

_____

_____

_____

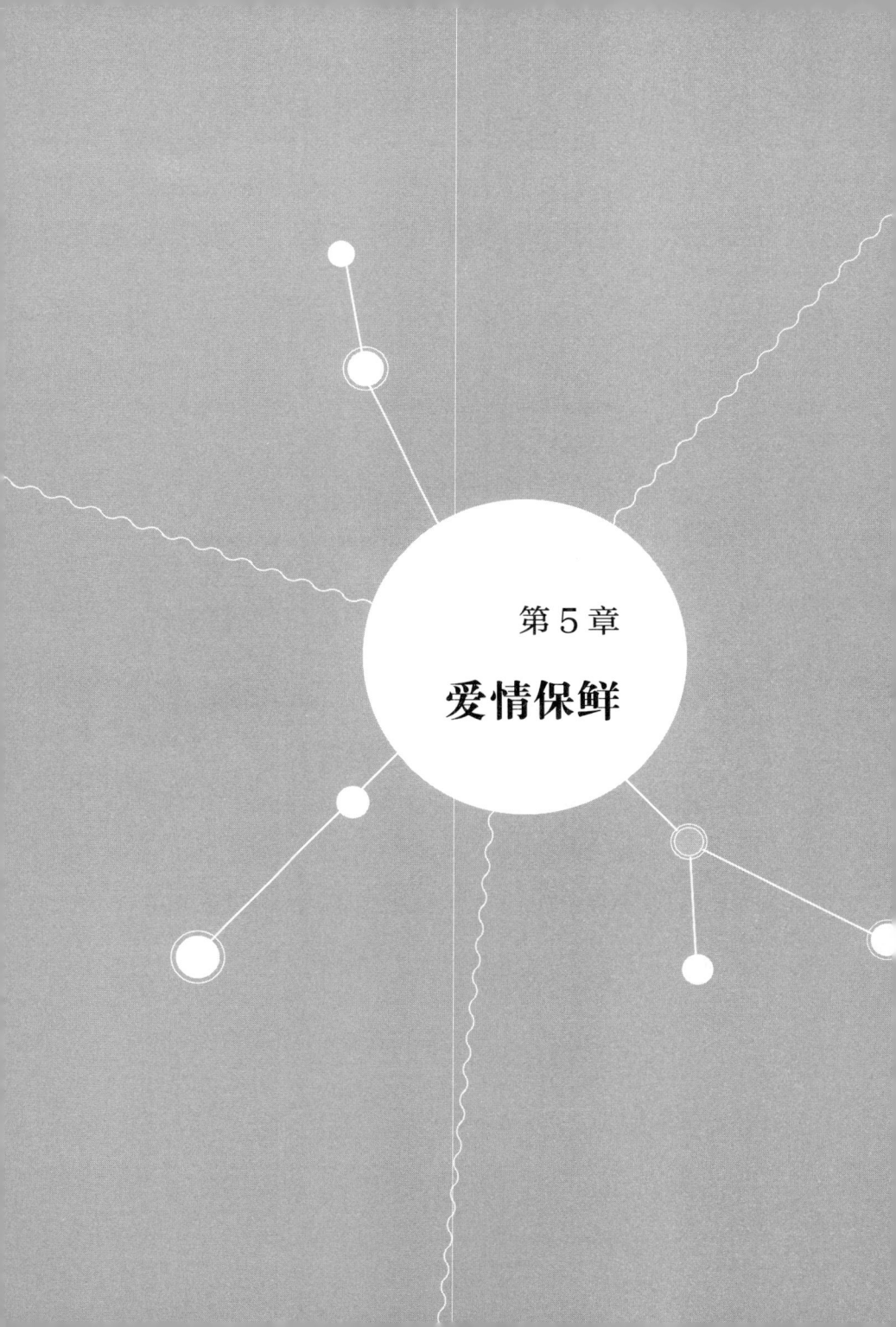

第 5 章

爱情保鲜

25 用心聆听你

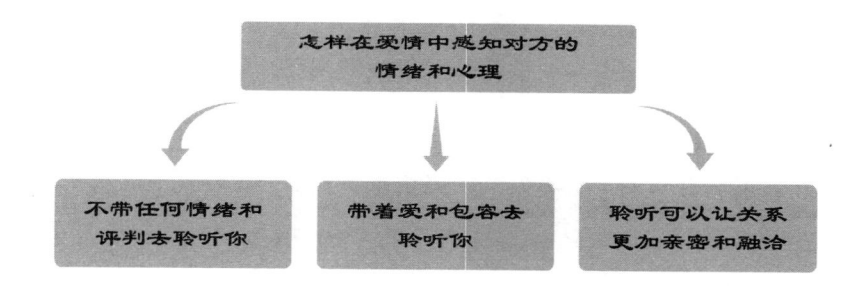

```
            怎样在爱情中感知对方的
                 情绪和心理
         ↙              ↓              ↘
   不带任何情绪和    带着爱和包容去    聆听可以让关系
   评判去聆听你       聆听你         更加亲密和融洽
```

[说明部分]

很多时候,伴侣之间争吵不断就是因为他们忘记了如何带着爱和耐心去聆听对方。

- 你的爱人兴致勃勃地跟你分享他认为有趣的事情,但是你不是很感兴趣,你就会拒绝聆听。

- 你的爱人跟你讲他在外面发生的事情,表达一些他的情绪,你敷衍地听一听,甚至稍显不耐烦。

- 你的爱人跟你说他不想干某件事,但是你根本听不见,逼着他去干这件事。

你听不见对方,很多的伤害和争吵就产生了。

聆听是一门艺术,带着耳朵听非常容易,但是带着心听却很难。不仅要听他说话的内容,还要感受到他想要表达的情绪和需求。看不见,听不见,针锋相对只会两败俱伤。

什么是好的聆听呢?

我们需要放下自己已有的想法和判断,不带任何主观的评判,允许他的所有情绪,全心全意地听,一心一意地体会他,然后去体会他情绪背后隐藏的东西。我们越是允许,越是安静地聆听,我们就越能够感知到他内心更深的东西。感知到他内心的真正感受和需求,我们就越来越能够理解他。

无条件地带着爱去聆听,我们的各种关系都会得到改善和疗愈。

[诵读训练]

◇ 我用心聆听你

- 我会放下心中的心念屏障聆听万籁，聆听就是我对你的爱。

- 就像妈妈放下手中的活计，透过眼镜片看着我，听我诉说衷肠。

- 昨天我感受到了妈妈无言的爱，今天我给你无言的爱。

- 我不带有情绪，在平静状态下，内心保持柔和的感知去聆听你。我会听到你声音里传递的深层信息，让这个声音自自然然地流淌在我的心底，不赋予任何意义。

- 我怀着生命的深度去听，放下我的成见与某种既定的观点，我就是单纯地聆听你。

- 我在没有任何念头的情况下聆听你，我能感知到你的内心，我能洞察更多。

◇ **心中有爱，才是真正地聆听你**

- 只有当我的心安静下来的时候，才不再是口头层次的理解，才能真的聆听你。

- 我的心安静，没有任何欲求，只是放松地觉知着你的一切，我能听到我成见之外的东西。

- 我只是安静地坐着，既不专注于任何事物，也不费力地集中注意力，而是非常安详地坐在那里。

- 我能听到你所有的各种声音，我的心是一条宽阔的通道。

- 我以这种方式轻松自在地聆听着，我的心会在不强求的情况下产生惊人的转变，这份转变里自有美和深刻的洞识。

◇ **我自由地聆听，聆听万籁，你在我的心里**

- 我聆听到你的美好，我聆听到你的爱，我聆听到你的内在成长。

- 我聆听你的情绪，我聆听的是感受；我聆听你的观点，我聆听的是思维；我聆听你的需求，我聆听的是懂得。

- 当我聆听你时，我不抢话，我只是耐心地聆听；当我聆听你时，我的内心只有你的声音，你内心的声音需要被我听见，因为你是如此重要。

- 在我聆听的过程中，你可以释放自己的情绪；在我聆听的过程中，你可以疗愈自己的伤痛。

- 我有足够的时间听你说话，你对我很重要，你要说的话对我也很重要。

- 聆听的过程也是和自己深度地联结。

- 当我学会聆听自己，我就有能力聆听任何人，我就有能力在聆听中传递爱。

- 带着爱去聆听，不必赞同观点，不去攻击，也不进行自我防御。

- 我深知，聆听意味着不去假设、不做期待和不提要求，敞开心扉，尊重你我都是平等的个体。

- 如人饮水冷暖自知，你的一切我都能感知到。

◇ 聆听就是爱，爱始于了解

- 我深知，聆听不仅仅是一种听，更是以爱为前提。

- 我明白，聆听不仅仅能让心与心更加靠近，也能帮助你我治愈心灵的创伤。

- 我懂得，如果我学会聆听，不仅能使关系更加融洽、亲密，同时能在爱的大家庭中一起成长。

- 当我在聆听你时，我便"属于"你。

- 聆听就是属于，当我听你说话的时候，在这段时间我就属于你，完全从你的角度来思考、来设想。

- 你是那朵花，我的聆听是一种静默的欣赏，花的颜色跟我的内心一起明亮起来。

26 我懂你

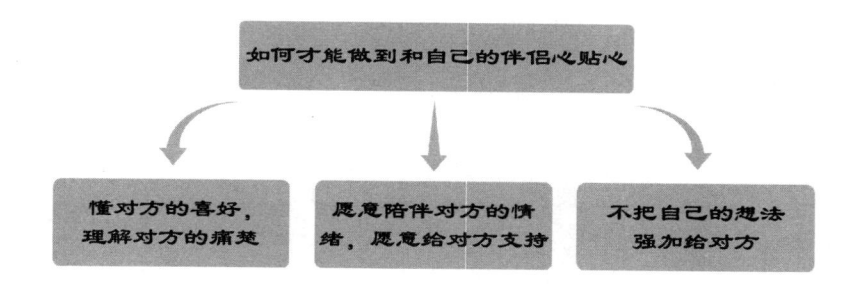

```
        如何才能做到和自己的伴侣心贴心
       ↙              ↓              ↘
懂对方的喜好,      愿意陪伴对方的情     不把自己的想法
理解对方的痛楚      绪,愿意给对方支持    强加给对方
```

[说明部分]

随着天气变凉变冷,我们需要添加厚衣服了。应对天气变化,我们学会了添减衣服,以便做到冬暖夏凉。

再比如下雨时我们打伞,雨停了就收起雨伞,这些做法感觉非常正常。

其实,天气变凉要添衣,下雨要打伞,天黑要点灯,这些顺从大自然的做法,是我们适应环境的反应。这个适应也可以说是"以环境为中心"，具体说是以环境变化为中心，改变自己适应环境。唠叨这些不是我的目的，我的真实目的是想讨论这个问题：为何应对自然界变化的以环境为中心的做法，到了社会环境人际互动中就难以做到以他人为中心？

天气变化中我们的自然应对会提示我们，在人际互动中也要如此才合适，也就是人际互动的最佳标准就是"以别人为中心"，要适应别人的变化，要根据别人的需要调整自己的诉求。

一个人如果毫不顾忌别人感受，看不懂别人意图，动辄以自我为中心，时时处处想自己所想、做自己想做、说自己想说，就会被人所不齿，起码人际关系不良。这在心理学上就是社会化程度不足，心理发育迟滞。

由此，拥有共情力、我懂你才是高级别的爱。共情能力可以理解为同理心，就是一种随时与他人换位思考的能力。

[诵读训练]

◇ **我懂你比我爱你更重要**

- 今天，我终于知道，我懂你比我爱你更重要。

- 懂是一种不占有、不抱怨的爱情，懂是一种欣赏和支持的爱情。

- 懂是一种放心中、常呵护的感情。

- 懂和爱一样重要。爱是感觉，懂是理解。

- 没有懂的基础，爱只是伤害对方的理由。

- 没有爱的缘由，懂只是没有温度的认知。

- 我懂你，能让你更舒服。

- 我的爱让你更幸福，我的懂让你更幸运。

- 懂，是我最温情的语言，一个眼神就能心知意会，一个表情就能心心相通。

- 我知道你的喜好，我理解你的苦楚；我心疼你的委屈，体谅你的难处。

- 我不会为难你、不会责怪你，懂你的言外之意；我懂你的欲言又止；我懂你的故作坚强；我懂你的强颜欢笑。

◇ **我懂你，是亲密关系中最好的样子**

- 我愿意陪伴你的情绪，"我走进去、我感受到、我说出来"；我关注你，我关注你的情绪和需要，并和你共情。

- 我走进去感受、走出来表达，就是我最好的情感陪伴。

- 放空自我，控制我本能的评判，保持觉察意识。

- 我只观察、不思考，感受你的情绪是什么。如果情绪不正常了，我不浇油，不被动，我接住你的情绪，因为情绪无罪，人人都有。

- 我可以通过多询问"我能帮你什么"来处理情绪，询问"你需要我做什么""你有什么想法、看法"来澄清需要，我愿意给予你支持。

- 我可以接纳你的负面情绪，我允许你的心情不好；我愿意遵循先解决"情"再解决"事"的规律，而不是只想着解决具体的事。

◇ **我可以准确描述你的内心感受**

- 如果我心情不好，我可以告诉你，我们彼此交流情绪。

- 如果你心情不好，你可以告诉我，我们彼此交流情绪。

- 一旦你的情绪被我感知到并且准确地描述出来，随后就会减弱或消失。

- 我尽可能准确说出你的情绪，帮助你释放相应的负面情绪，直到让你的心平静下来。

- 说对你的情绪就是对你的一种关爱，一种亲切感。

◇ **我理解你情绪产生的逻辑**

- 我懂得，爱是深深的理解和接纳，我会重点关注和接纳你的情绪。

- 聆听你分享内在的感受和事情的时候，我会把事情从头到尾完全听完，认认真真地听，不打断你，让你感觉到完全被关注和接纳。

- 我不评判你是否"有理"，也不评判你是对是错，而是去肯定你情绪产生的逻辑，因为情绪本身无好坏。

- 我肯定的是你情绪产生的原因，而不是这件事情中的对和错。

- 我认为，你是有资格产生情绪的，不管是理性情绪还是本能情绪都是有原因的，我肯定背后的原因和逻辑，在你那里，你是对的。

◇ **我懂你，让想法是你自己的**

- 在跟你沟通时，我会首先说出自己的需求，跟你一起来探讨解决方案。

- 我会启发你更多理解，从多角度看问题。

- 我不能告诉你什么，我只能让你发现什么，让想法是你自己的。

- 我会引导你去关注如何解决这个问题、如何面对未来。

27 坚守我的心理界限

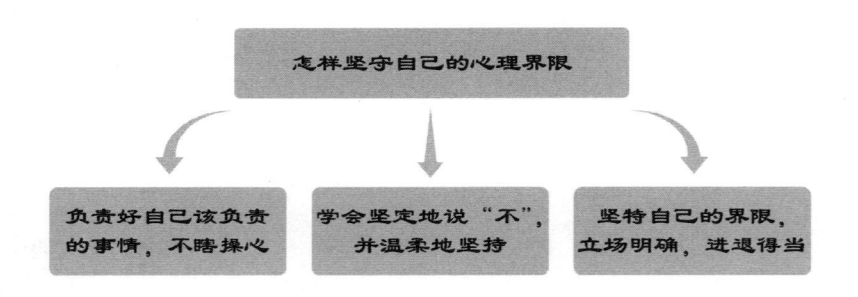

怎样坚守自己的心理界限

- 负责好自己该负责的事情，不瞎操心
- 学会坚定地说"不"，并温柔地坚持
- 坚持自己的界限，立场明确，进退得当

[说明部分]

如果自我是一座古堡，那么心理边界强度便是古堡外的一圈护城河。当然，护城河的宽度是由你自己来决定的。

心理边界，通俗来讲，就是你和这个世界心理层面上的隔断。房子的隔断外是万里晴空，隔断内就是锅碗瓢盆；心理边界内是你，心理边界外就是这个世界。

我们每个人都有一个看不见、摸不着却能实际感受的心理空间。在生活中，人们要么是心理边界太僵化了，得罪了关系不自知；要么是心理边界太模糊了，搞得自己很疲惫，没法做自己。

一个人越是人际关系界限模糊不清，就越难成为自己。

当一个人成为不了自己，就会不停地允许和纵容别人践踏自己的界限，也会无意地跨越和践踏别人的界限。

所有的关系都有界限，包括父母子女之间的爱、夫妻伴侣之间的爱、朋友之间的爱都一样需要界限。如果界限不清，就容易陷入纠结的痛苦中。

［诵读训练］

◇ 我的安全界限原则

- 我不伤害自己，我不伤害你，我不伤害环境。

- 我的很多烦恼就来自忘了自己的事、爱管别人的事、担心老天的事。

- 在我们的关系中，我要想轻松简单，就要打理好自己的事、少管你的事、不操心老天的事。

- 我维护自己的边界权利，为自己建立边界，做事有底线，不为迁就你而践踏我的自尊，这样就不会破坏亲密关系。

- 我唯有心理界限清楚，才能和你进行对等的互动联结，而不是一场关系的交易。

- 我知道什么事可以做、什么事不能做，这是我安身立命的原则。有了这个标准，我的美好就值得被人珍惜。

- 该由我自己负责的一个都不逃，不该我自己负责的一个我都不扛。

- 心理边界清晰意味着我与你接近，但没有近到我失去我自己的程度，也没有近到把你当成我自己的一部分，我还是我，你还是你。

- 我接纳自己，我接纳你，我接纳环境。

◇ 我要界限清楚地活着

- 学会说"不",是坚守我亲密关系边界感的开始。

- 我会拒绝自己认为不好的,接纳无法改变的,学习对自己有益的。

- 当我的权利被侵犯时,我需要采取行动维护,会坚定地说"不",并温柔地坚持。

- 换位思考,我尊重你,不试图去控制你的感情和想法;我不依赖你,也不被你依赖。

- 坚守我的注意力界限。生活,一半是回忆,一半是继续,我把所有的不快乐都扔给昨天,把所有的努力都给今天,把天意留给明天。

◇ 我是温柔的,但我也是坚守的

- 我坚守身体界限,保护身体不受侵犯;我坚守心念界限,我的心念不受强迫;我坚守情绪界限,我不受外界过多影响;我坚守独立界限,我不受外界控制;我坚守自爱界限，我不要讨好任何人。

- 我心存良善，也要懂得自保；我懂得忍让，但我也懂得坚持；我可以不争，但我也知进退；保卫爱情，坚守我自己的原则底线；当我能够接受选择的有限性，我才能优雅地成长。

- 坚守界限，我立场明确；坚守界限，我原则清晰；坚守界限，我进退得当。

- 我知道自己是什么样的人，我知道自己想做什么样的人。

28 过探险的人生

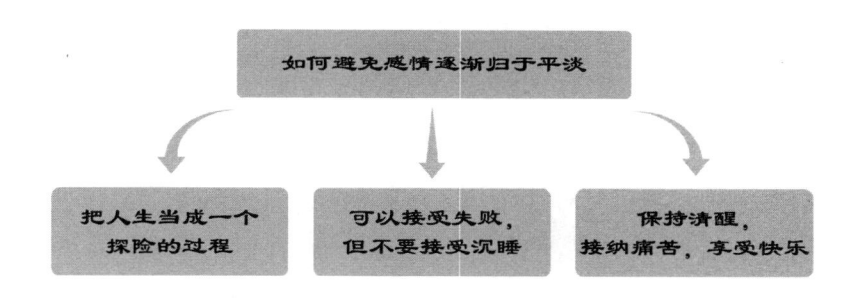

```
        如何避免感情逐渐归于平淡
        ↙         ↓         ↘
  把人生当成一个   可以接受失败，   保持清醒，
   探险的过程    但不要接受沉睡   接纳痛苦，享受快乐
```

[说明部分]

在亲密关系中，两个人的生活不会是一帆风顺、一路平安的理想存在，人生不如意之事十之八九。

亲密关系中的磕磕绊绊在所难免。

在漫长的人生旅途中，什么事情标志着一个人开始衰老？有人说衰老是从一个人失去了尝试的勇气、拒绝人生新的体验的那一刻开始的。可我们为什么失去了尝试的勇气、拒绝新体验、不愿走出一时的舒适区？因为我们太需要安全感了。如果把时间的镜头拉得足够远，我们会发现这一生中最需要的是探险经历。它让人们因为探险的不同高度与难度，从而体味到了生命激情谱写的乐章。沿途的乐趣让灵魂丰满，让生命倔强地生出全新的力量。

当一位老人踏着冲浪板，在乘风破浪中度过 70 岁生日的时候，当一位老人神采奕奕地感叹 70 岁真好的时候，我们有什么理由不去过一种探险的人生？我们与其把时光浪费在哀叹、抱怨和悔恨上，不如从此刻起去经历一种探险的人生。

关于爱情，原本就是与伴侣一起来历险。在历险途中，一起面对困难与挑战，一起欣赏相亲相爱中遇见的美丽风景，彼此相互支持、鼓励和陪伴，经历这生命里的漫漫长夜和寒冷的冬天。这难道不是爱情最充实的模样吗？

［诵读训练］

◇ 没有绝对平安的爱情

- 没有绝对安全的人生，我的恋情就像一个探险的过程，停滞不前才是我最大的风险；我勇于探险，勇于不断拓展我的视野，我带着不安全感去体验感受更丰富的情感。

- 我的生命华彩不是由我呼吸了多少次而是由那些我激动得无法呼吸的时刻来衡量的。

- 我相信，真正的平淡状态都是经历过探险人生后的结果；我的生命本是一场挑战，我走出生活舒适区，才是我迈出真正成长的第一步。

- 恋爱也是一种探险，亲爱的，我们一起来探险吧。

◇ 探险的人生更美好

- 不经一事，不长一智，过探险的人生，才能拥有更智慧的人生。

- 我因探险而进步，我的人生因探险而美丽。

- 我永远活在人生探险的路上，敢于探险才是我真正的安全；就像花过的钱才会产生意义一样，我走过的人生之路才是最大的财富。

- 站的高度不一样，看的风景就不一样，探险人生让我站得更高，看到更多美景。

- 踏出一步，拥有爱情的人生就会大不相同，与其幻想、假设，不如去探险。

- 我的生命就是一个奥秘，它的价值在于探索，生命唯一的养料就是去探险。

- 为了一时的安全感裹足不前，就是在让生命萎缩，让灵魂沉睡。

- 我不会让爱情的无趣耗尽我生命的激情。

◇ **我可以接受失败，却不可以沉睡**

- 过探险的人生，在亲密关系中成长，收获属于我的目标和惊喜。

- 我可以拥有一段糟糕的恋爱经历，但我不能放纵自己过糟糕的人生。

- 命运只负责洗牌，出牌的永远是我自己。

- 我对生活充满好奇，我愿意并勇于探索，这是有价值的生命。

- 即使我每天吃的都是一样的饭菜，我也能体会到不同的心情，这是因为内心里充满了对爱情的渴望。

- 每天晚上我都是带着对生活的憧憬进入梦乡，但我从未因为没有实现梦境就失望。

- 快乐着我的快乐，痛苦着我的痛苦。

- 无论是吃到可口的食品或咬到了花椒，我都知道我是在吃饭，可口的饭菜和花椒粒都是我的食物。

- 快乐和痛苦都是我的生活，享受我们的爱情，一起过探险的人生。

29 我不需要改变你

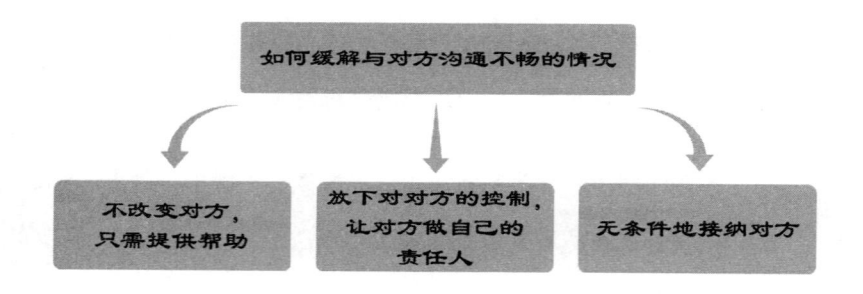

```
            如何缓解与对方沟通不畅的情况
            ┌───────────┼───────────┐
      不改变对方，   放下对对方的控制，   无条件地接纳对方
      只需提供帮助   让对方做自己的
                     责任人
```

[说明部分]

很多时候，我们想去改变他人，是因为我们受不了他人的问题：他没有满足我的价值观，他的行为让我觉得不开心了，他这样不好、那样也不好。总之，就是没有达到我的期望。

你发现了他的问题，一般采取的方式就是指出他的问题，但是他不一定认同你，因为每个人的视角和看法都是不一样的。即使在心里面也确实认同你说的了，但是依然也不会去改，因为人都是不喜欢被别人否定的，觉得承认了就失去了面子和自尊。

他没有改变，你就开始惩罚他——和他吵架，跟他生气，向他抱怨，开始怨恨他，甚至通过折磨自己的方式，比如冷战、绝食、离开等方式来强迫对方改变。有时候对方也会妥协，但不是发自内心地想去改变，单纯地只是为了省去一些麻烦。

但是，所有的这些都在慢慢地侵蚀着你们的感情，双方都觉得自己受到了伤害。

而当我们去改变自己，不执着于去改变伴侣的行为，允许和接纳伴侣的行为，两人之间的感情就会进入良性循环，你的伴侣在你的影响下反而可能会自己去改变。

[诵读训练]

◇ 改变意图其实是在否定

- 当我企图改变你时，其实，我是在否定你、不认可你，这背后的实质是对自己的不满意。

- 而我必先认定你是错的，并且对我有影响，才会说你是错的，否则我不会想改变你。

- 我的善意是我主观认为的，本质是"我认为这样更好"，但你不见得也这样认为。

- 我抱着改变的意图，天真地以为改变你的行为是一项义举，其实这样只是让我自己觉得舒服，并非真的完全为你着想。

- 我最有爱心的态度，就是单纯地接纳你、支持你、鼓励你；而最没爱心的行为之举，就是企图直接改变你，希望你变成我想要的样子。

- 我以为，改变了你就可以如何。如果真是这样，这个世界上还有更多需要我去改变的人和事。我什么时候才能得到幸福安宁？

◇ 无须改变，只需帮助

- 从现在起，我不再夸大自己的善意意图，光有善意是不够的，因为善意往往是我的一厢情愿，未必真的能帮助你。

- 改变你是把自己当成了你的主人，擅自越界为你做主。

- 不论是对待我自己还是对待你，首先都该抱有接纳的态度，这是基本的尊重。

- 我可以帮助你，我不企图盲目去改变你，除非你自己愿意。

- 我接纳你的现状，我不企图改变你，除非得到你的允许，愿意接受我的帮助。

- 你的问题，你自己改变，是否改变是你的责任，我起到的是辅助作用，我无须焦虑；是否改变，决定权在你，你是责任人。

- 当我接纳了你，我就放下了控制，我们的心灵就轻松了，你才有可能做好责任人，进行自我改变。

- 我释然了，你也轻松了。

◇ 接纳是不需要条件的

- 无条件接纳你，就是完全接纳你的一切思维和言行举止。

- 无条件接纳你，就是完全接纳你与我有不同的价值观。

- 无条件接纳你，我就不会通过指责、批评等间接形式控制你。

- 无条件接纳你，我就知道你自认为此时的做法和选择是最佳的，我就不会逼迫你改变自己的想法和做法。

- 做到了无条件接纳你，你就会感到很轻松，你就会没有任何压力发挥自己的优势。

- 做到了无条件接纳你，我更能体会和理解你的感受和需要，在行动上也能更好地满足我们彼此的需要。

- 不企图改变你，无条件接纳你，是我对你真爱的表现。

- 我不需要改变你，我接纳你，我欣赏你。

30 提升浪漫的力量

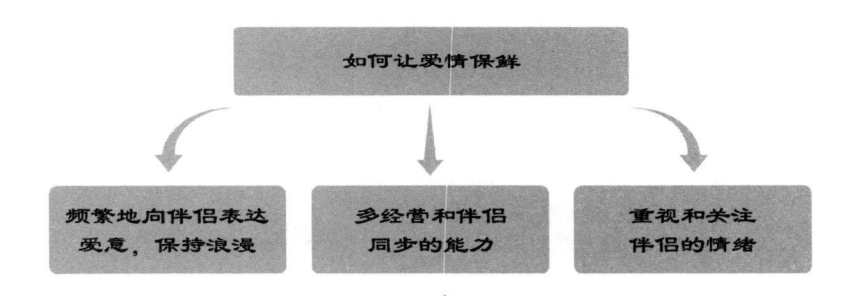

```
                    如何让爱情保鲜
              ┌──────────┼──────────┐
              ▼          ▼          ▼
         频繁地向伴侣表达   多经营和伴侣    重视和关注
         爱意,保持浪漫    同步的能力     伴侣的情绪
```

[说明部分]

很多人结婚前谈恋爱甜甜蜜蜜,好像永远不会厌倦,但新鲜感过去之后,没有了怦然心动的感觉,很容易相看两厌。

当激情不再,当青春逝去,当柴米油盐的平淡代替了风花雪月的浪漫,你感觉日子平平淡淡,没有味道。

爱情和美食一样,一开始是可口的。一旦过了保质期,便会索然无味。两个人的相处,一定要记得为爱情保鲜。

爱情里的浪漫是一种美妙的感觉，它让爱变得神秘，不断地激发彼此的好奇，不断地唤醒人内在的吸引力。

浪漫有时候就是这样子：一种对抗庸常的微笑，一种面对现实的超脱，一种看向未来的希冀，让这份情有了趣味的调剂，最平常的生息也就变得有滋有味起来。

这世界有那么多人，总有那么一个人是你的念想、是你的温暖。只要他在，就不孤独，内心踏实而笃定，甚至面对恐惧都能催生出勇敢。

[诵读训练]

◇ 每一天都是不同的你

- 恋爱中的每一天都是新的一天，每一天都是新的开始。

- 我认真地过每一天，不会让自己简单地重复。

- 我愿意葆有一颗童心，做个大顽童，保持好奇心，把握住每一个与你进行新奇探索的机会。

- 恋爱中的每一天都是新鲜的，我绝不辜负属于我们的美好晨光。

- 每天都生活在一起，但我不会按照昨天的模式与你相处。

- 我会每天说三句以上充满爱意的小情话，多多分享我感性的心情，让我们彼此的心更近。

- 我要更多频次地使用爱的口头表达，"我爱你""谢谢你""对不起""有你真好"的积极语言，时时修复我们的情感联结。

- 我随时向你表达爱意，只是让你知道，我绝非一个"担心失去"的附属品存在。

- 我随时向你表达爱意，就像渴了就去喝水一样自然。

- 我深深地爱你，并不会压抑自己。

- 我深深地爱你，也不会过于小心而失去自我。

- 爱就是爱，如果因此都不敢有一点点吵吵闹闹，那就要考虑自己要的是人还是爱。

- 我爱了你很久很久，我依然每天爱你一遍，每天都是不同的你，但都是你。

◇ **唤醒吸引力**

- 拥有持久的爱情吸引力就要更多地经营双方同步的能力。

- 我们的关系是知己加伴侣，亲密与激情共存，幸福又美满。

- 我用学习和你同步：善于发现你的好，用放大镜看你的优点，看到就多加赞赏，并向你学习。

- 我用聆听和你同步：聆听是最好的关注、最好的爱，两个人发展成同一个频道，我用聆听加固爱情。

- 我用爱好和你同步：我们可以尝试培养共同的爱好，比如书画、徒步、瑜伽等，我把自己的精力投入到爱好中，不仅能释放这段感情带给自己的焦虑感，还能从中找到新的乐趣。

- 我用分享和你同步：共同看一本书、看一部电影，然后交流分享。

- 我用目标和你同步：在感情的计划里每年安排多次旅游，制造更多温馨时刻。

- 我不怕因为欣赏你而失去我自己，因为我知道，能够欣赏你恰恰是拥有自我的体现。

◇ 浪漫是一种生产力

- 我学着创造浪漫的气氛，仪式感也是爱不可或缺的重要部分。

- 我的爱情不只是沉溺于享受，还要想着我还能做些什么，可以让你感觉更美好和有更多感动。

- 我让浪漫走心的仪式感为平淡的生活创造美好的回忆和话题。

- 我学着幽默表达，让我的笑声照亮我们的爱情。

- 爱情是一场人生旅途，我会带你一起欣赏生命里不同的美景。

- 我会时不时创造小惊喜，让生活变得多彩有趣，浪漫是幸福的外衣。

◇ **让爱情保鲜，给情感账户存款**

- 我时时注意充实我们的情感账户，增强亲密感。

- 我深知，亲密感来源于分享，越分享爱情越亲密，我分享我内在的、深层的体验。

- 我学会婉转地表达，我用望远镜看你的缺点，不急于指责，心平气和地给予建设性意见，给你袒露心声的谈话氛围。

- 生活中难免有风雨，亲密关系中难免有磕碰，情感中难免有低谷，但只要我眼里有光，心中有爱，就始终会用一颗柔软的心善待你。

- 我看淡爱情路上的矛盾冲突，矛盾不意味着我们不适合，我愿意陪你一起有趣地面对无解的生活。

- 拒绝惩罚式激励，放下用抱怨、指责、质疑、发泄的方式来表达感受，遇到问题试着积极与你沟通。

- 发生矛盾冲突时，我首先看到的不是对错，而是你的情绪，因为，关注你的情绪才是对你最真挚的呵护。

- 我们可以保留各自的空间，尊重彼此的思想和决定。

- 唤醒吸引力，让爱情保鲜，酿最好的美酒，共饮那杯甘醇。

心灵随笔

通过这一阶段的学习，相信你也有很多收获吧！输出才是自己的，把你的收获写在下面吧。

_____

_____

_____

_____

_____

_____

_____

_____

_____

_____

_____

_____

_____

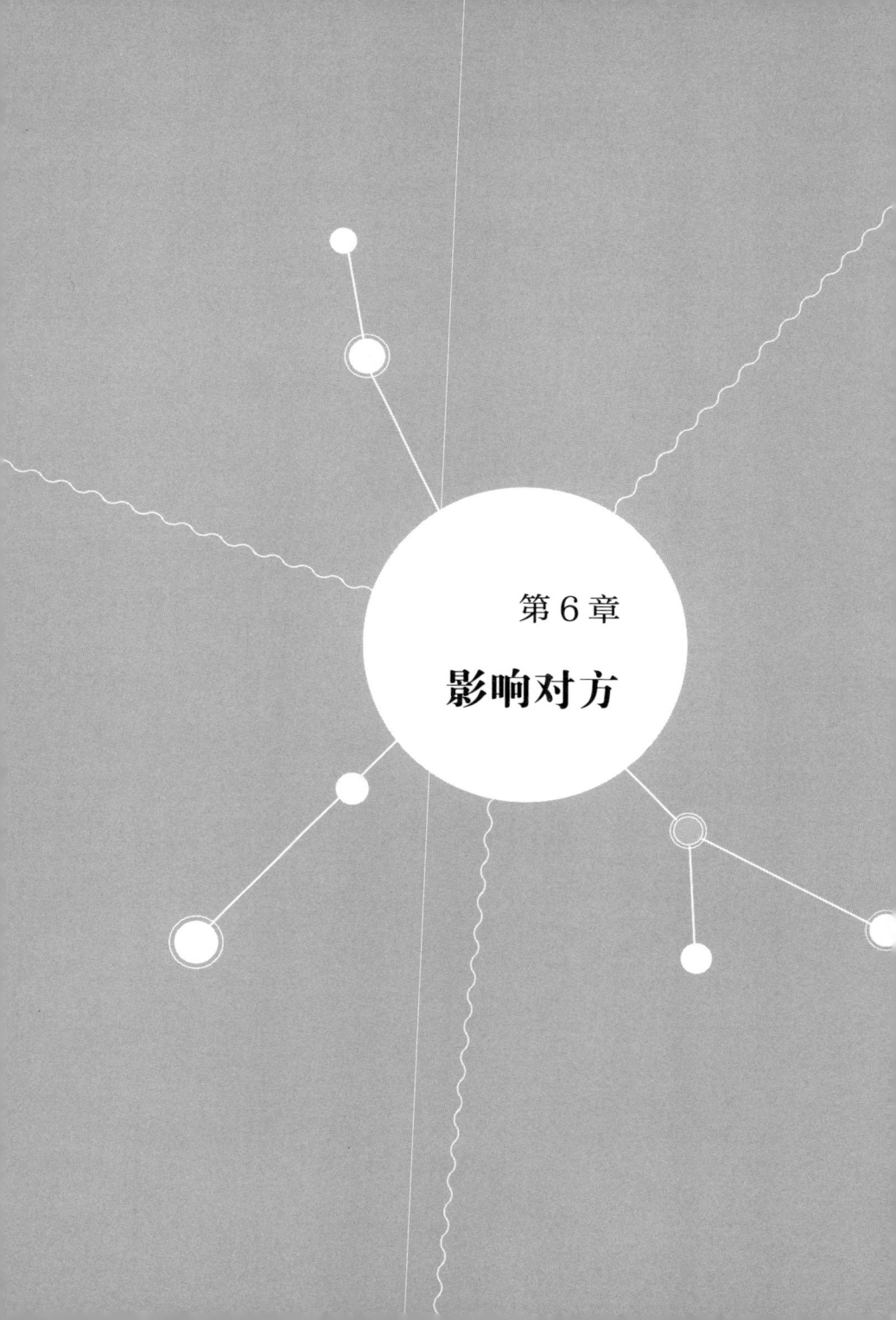

第 6 章

影响对方

31 我允许一切的发生

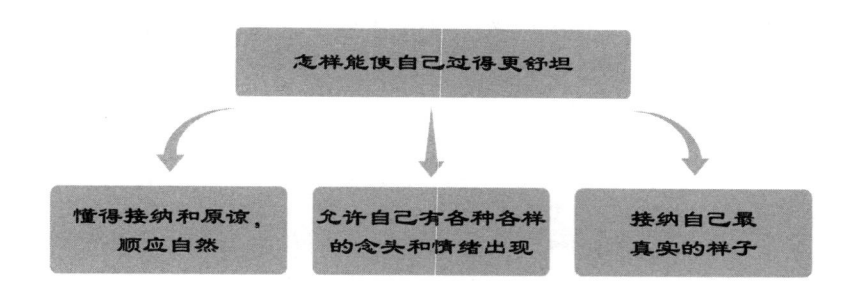

```
           怎样能使自己过得更舒坦
          ↙           ↓           ↘
  懂得接纳和原谅,   允许自己有各种各样   接纳自己最
  顺应自然         的念头和情绪出现     真实的样子
```

[说明部分]

很多人的心理问题和痛苦,来自压抑了自己很多正常的欲望和需求,不允许自己做不好,事事要求完美。事情一旦没有做好或者做错了,就进行严苛的自我责备,懊恼后悔。心里面每天都住着一个严厉的法官,对自己进行严厉的评判。

这种不允许自己不够好、不允许自己搞砸了、不允许问题不解决,让我们总是对自己有很多的评判和攻击,会极大地消耗我们的心理能量,也会让我们经常处于负面的情绪中,觉得一切都糟糕透了。在这个基础上还有可能形成一个恶性循环，因为你不允许自己处在一个这么负面的情绪状态里。

爱自己，其中很重要的一点就是包容自己，就算很小的事情都去包容，比如睡觉失眠，那失眠就失眠吧，不强迫自己入睡。允许自己犯错，允许自己把事情搞砸了。

当你允许一切发生的时候，你就会变成一个柔软的人，你整个人的状态就是放松的，不会跟自己较劲，也不会跟别人较劲，你也不会活得那么拧巴了，很多的事情反而会得到解决，向好的方向发展。

在亲密关系里，很多时候我们的痛苦不是因为对方如何，而是我们不接纳自己的表现。在爱里，如果坦然接纳面对遇到的一切境遇，允许彼此如其所是，便是给了彼此最大的自由。爱不是负累，爱是天使的模样，相互鼓励，相伴前行，那才是这一生里盛大的回归。

[诵读训练]

◇ **我生活在有情世界里**

- 很多痛苦都是小我的心念所致,有了接纳,就少了纠缠,小我才会让路,我就会逐渐变成大我。

- 有了接纳,阻挡爱的障碍就会消失。

- 我接纳发生在我身上的每件事情,这些都是为了唤醒我,而不是惩罚我。

- 只要我认为老天在有意惩罚我,我就很难接纳自己亲密关系中的困境,就无法从中学习。事实上,每个爱情困境都是为了提升我。

- 只要我愿意向内看,有意愿自我成长,会发现原来这是一个有意成全我的有情世界。

- 我接纳现在的我自己,我接纳这样的我自己,我值得被爱。

- 不论过去曾经发生什么事情,都不影响我纯净美好的品质。

◇ 我允许我有这样的念头

- 我允许每一个念头的出现，任它存在，任它消失。

- 念头本身本无意义，与我无必然关联，它该来会来，该走会走；若我觉得不应该出现这样的念头，伤害的只是我自己；我唯一能做的，就是允许。

- 任何的念头都会在任何的时间出现。

- 我的念头就是念头，不等同于真理。

- 我脑子里出现的任何一个念头，都是我当下内心的觉知。没有对和错，它只是诚实地反映了我最真实的想法。

- 我的念头就是念头，和一只鸟一样，一下就飞过来，我还没有看清楚就又飞走了。

- 来就来了，走就走了。有谁会去追逐一只自在的鸟儿呢？

- 当一个念头出现时,我最简单的做法就是告诉自己"我又分神了"。

◇ 我允许我升起这样的情绪

- 我允许亲密关系中每一种情绪的发生,任其发展,任其穿过。因为我知道,情绪只是身体上的真实感觉,本无好坏,越是抗拒,越是强烈;若我觉得不应该出现这样的情绪,伤害的只是我自己。

- 我唯一能做的,就是允许,我允许我有这样的情绪。

- 我允许情绪的出现,就像允许水烧开了会顶起锅盖。

- 水烧开了,我懂得关掉炉子或者提走那个壶。

◇ 我允许我就是这样的表现

- 因为我知道,外在样子只是自我的积淀结果而已;若我觉得应该是另外一个样子,伤害的只是我自己;我唯一能做的,就是接纳允许。

- 我知道，我是为了生命在当下的体验而来，每一个当下时刻；我唯一要做的，就是全然地允许，全然地经历，全然地悦纳；我看，我只是看；就像用宇宙视角看地球，什么也不做，就是平静地看，我允许爱情里一切的发生。

◇ 我允许任何事情的发生

- 我允许，事情是如此地开始、如此地发展、如此地结局；因为我知道，所有的事情都是因缘和合而来。

- 亲密关系里一切的发生，都是规律的必然；若我觉得应该是另外一种可能，我只是自寻烦恼；我唯一能做的，就是允许。

◇ 我允许你如你所是

- 我允许，你会有这样的所思所想，如此地评判我，如此地对待我；因为我知道，你本来就是这个样子，在你那里，你是对的；若我觉得你应该是另外一种样子，我只是自寻烦恼；我唯一能做的，就是允许你如你所是。

- 我顺应爱情里一切的自在。

- 我可以得到爱情里一切的自在。

32 我尊重你

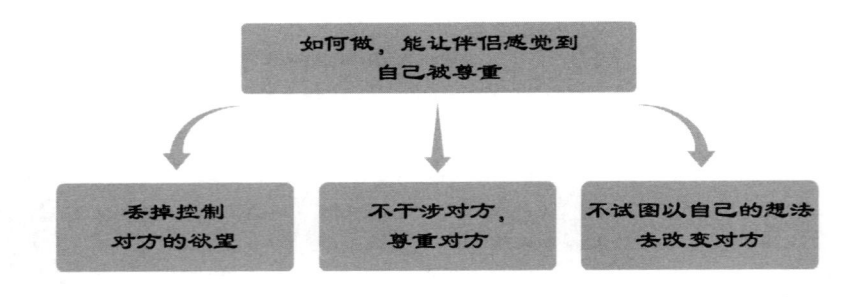

```
           如何做，能让伴侣感觉到
                自己被尊重
          ↙         ↓          ↘
    丢掉控制    不干涉对方，   不试图以自己的想法
    对方的欲望    尊重对方      去改变对方
```

[说明部分]

爱一个人，我们常常想的是努力地对一个人好，我们觉得对别人的关心就是爱。但是，这种爱并不是所有的时候都会被珍惜，有时候甚至都不被接受。

有的人觉得自己在亲密关系里付出了一切，无微不至地关怀，时时刻刻地提醒和陪伴，方方面面无比细致。但是，有的时候对方并不领情，于是问出了："我对你这么好，为什么你不懂得珍惜？"

因为，有时候我们的这种爱是我们按照自己的意愿强加到对方身上的。

比如，食物虽然是好东西，但是对于一个吃饱了的人来说，你一定要他吃你给的食物，这就是一种伤害。对于一个想吃香蕉的人，你硬要按照你的意愿给他苹果，这同样是一种伤害。

把自己认为好的和对的东西强行让对方接受，毫不顾忌他人的需求。或者，我认为是好的，你也必须认为是好的；我认为所有人都需要，所以你也需要。这就不是真正的爱。

对他人的关爱如果离开了尊重和理解，这种关爱就会沦为自私。没人喜欢被强迫。我们每个人生来不同，有着自己不同的经验和成长环境，所以每个人的需求都会不一样。

每个人都渴望被尊重，好的伴侣一定是尽最大努力去尊重对方。在亲密关系里，保持尊重，关系就会和谐长久。我尊重你的事，我不干涉你，给你爱的自由去成长，这才是成熟之爱的标志。

[诵读训练]

◇ 你的事,你负责

- 你的事,你是负责人,与我无关,我少问、少想、不多嘴。

- 你的事,我只可以尊重和接受,不强加干涉。

- 你的事,强加给我的,我也要拒绝,敢于拒绝才是我真正的承担。

- 我深知,建立在你身上的安全感,是非常不稳定的。

- 改变你,一不小心就成了管理你,甚至是压迫你。所以,我不控制你,我不改变你,我不和你较真。

- 我接纳你,我欣赏你,我和你同频。

- 我只有放下改变你的企图,丢掉控制你的欲望,放下内心对你的各种规则,客观、理性地面对现实,才会真正理解你,才能把事情处理好。

- 人生时光宝贵，与其费尽心思揣摩你，不如端详自己。

- 我相信，心中有风景的人，眼前才无是非。

◇ **我不干涉你**

- 我不是你，怎么知道你走过的路、心中的苦与乐，生活如饮水，冷暖自知，我不会过多干涉你的事。

- 有些话，听过就好，我不必当真；有些事，知道就好，我不必说破；有些人，看清就好，我不必拆穿。

- 我深知，大道之行，不责于人，静坐常思己过，闲谈不论人非。

- 人活着，发我自己的光就好，我不必要吹灭你的灯。

- 你的事，不强加干涉就是我最大的美德。

◇ **我尊重你的事**

- 人生路上，每个人都是自己生活的主角，我永远都是你戏中的配角，对于你的世界，我只能选择尊重和接受。

- 如果我尊敬某事某物，那就是意味着我与事物的本来面目保持一致，而没有想要改变它。

- 如果我尊敬你，那就意味着我与你的本来面目保持和谐一致。

- 我尊重你的事，我不随意担忧你；我尊重你的事，我不随意建议你；我尊重你的事，我不随意评判你；我尊重你的事，我不随意打扰你。

- 没有得到你的求助，我不会主动去参与你的事。

- 没有得到你的允许，我不会走进你的生活。

- 我没有看清楚事实，我就不会对你的事情发表任何看法。

- 我没有能力的时候，我就不会参与你的事情。

- 让彼此尊重成为我们爱情的基石。

33 与自我和谐共处

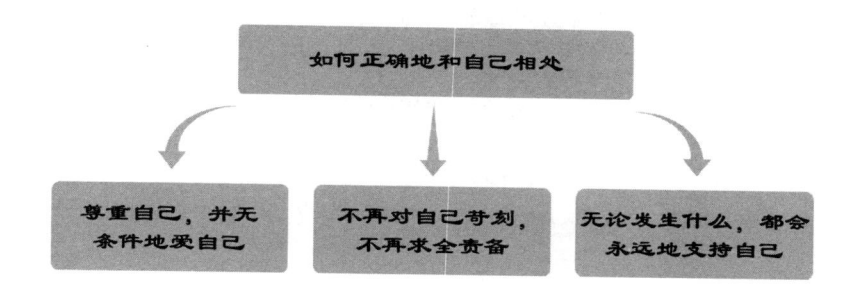

```
        如何正确地和自己相处
       ↙            ↓           ↘
  尊重自己,并无   不再对自己苛刻,  无论发生什么,都会
  条件地爱自己   不再求全责备    永远地支持自己
```

[说明部分]

亲密关系中有一种内耗行为就是自我矛盾、自我谴责。作为一个整体,一旦关系里一方出现内耗的不和谐,就会投射给对方,最终造成双方矛盾。

许多时刻,我们总想拥有完美,但学会接纳一个普通的自己,也是一门很深的学问。

你足够接纳你自己吗?

当你做错了一件事，会不会责备自己怎么就做错了？

当你想偷个懒，放松一下，会不会鞭策自己不能停下来？

当你没有达到自己想要的目标，会不会对自己很失望？

你对自己总有着这样或者那样的要求，告诉自己这件事不能做，那件事不能做，有时候你失控了，做了平时不允许自己做的事情，你便陷入对自己的无限责备中，告诉自己下次不可以这样。

表面上，你很自律，对自己很严苛，别人也觉得你很优秀，但是你对自己的不允许、你与自己的对抗，正在无形地消耗和拖垮你。真正让人觉得累的是这些无形的情绪消耗。

真正和你斗争的不是外界或者他人，而是你自己。

我们越是正视自己内心的这些冲突，越是允许自己，我们越会获得更多内心的自由。

我做错了就是做错了，那我就接纳我做错了，我也不责备自己。我今天就是不想干活，就是想偷懒，那我就允许自己偷个懒。我就是有这个缺点，我也不掩饰，我接纳它。对自己的允许并不是对自己的纵容，因为只有允许接纳才会没有因对抗而产生的消耗，才会真正地产生力量。

当我们不再看自己这里不顺眼、那里不满意，我们不再评判自己，诚然地面对真实的自己，接纳自己本来的样貌，和自己和谐相处，我们的内心才会拥有力量，我们才会由己及人，爱我所爱。

[诵读训练]

◇ **我接纳我自己**

- 接纳自己就是客观地认识自己，正确地评价自己；接纳自己就是完全地尊重自己，并无条件地爱自己。

- 我接纳自己，接纳我生命中的艰苦，接纳我的人生中将会出现的障碍。

- 凡是我无法接纳的，我就会本能地抗拒到底，这种对立便成了对我的束缚，同时也消耗了我大部分能量。

- 我接纳有时候我是会抗拒的。

- 我接纳我有不懂的地方。

- 我接纳别人不接纳我的事实。

- 我不纠缠于当下马上接纳。

- 接纳自己的一个标准就是，发现我内心的声音都是喜悦的。

- 我经常会自己就笑了。

- 我经常会发现我又有了提升。

- 我经常会看见别人的优点。

- 工作的时候，我不再把自己逼得那么紧张。

- 周末的时候，我也学会了出去游玩放松。

- 遇到别人犯错误的时候，我会看自己的态度，我会听自己的声音。

- 如果没能接纳自己，是因为我经历得还不够。

- 适当地宽容自己，喜欢自己，理解自己，自己与自己心平气和、和谐共处。

◇ 与自我和谐共处

- 我不再对自己苛刻，不再求全责备。

- 我不以自己之短比他人之长，不把过去的错误横亘于我此时此刻的幸福和愉悦之前。

- 我不夸大自己的缺点和失败，不跟自己过不去，我重视自己的优点和成功。

- 我不管喜不喜欢、能不能接纳，都要去勇敢地尊重它当下的存在。

- 我接纳自己将会犯下许多错误，以及接纳别人会误解自己。

- 我接纳我，我是我生命的一部分。

- 无论我做过什么，我都会一直支持我、接纳我，我会把我放在我的心里并和我融为一体。

- 吃饭的时候，我愿意细细品味享受入口的美食，然后拍拍肚皮说"饱了"。

- 睡醒之后，我会伸伸懒腰，不停地砸吧嘴，心里美得不行不行的。

- 走在路上，我也学会了好奇周围的一切，发现原来自己对生活的环境竟然如此陌生。

- 接纳，就是睁开了我的眼睛。

◇ **接纳，是容纳的过程**

- 握紧拳头，什么东西都放不进去；摊开手掌，便可容纳万物。

- 接纳就是一个伸掌的过程，更是一个宽心的过程。

- 我接纳得越多，得到的便越多；排斥得越多，得到的便越少。

- 亲密关系里的许多事我都无法改变，能够改变的只有我自己！

- 我永远以一种温暖、关爱和宽容的态度对待自己。

◇ 我努力保持身心和谐一致

- 当我伤心的时候，我是允许自己可以悲伤的；当我生气的时候，我是允许自己可以愤怒的；当我委屈的时候，我是可以勇敢做自己的；当我开心的时候，我是可以尽情地悦纳那一刻的。

- 我忠于我的感觉，不再压抑掩饰，不再自我欺骗。

- 我接纳每一部分的自己，我接纳全部的自己。

34 对自己的快乐负责

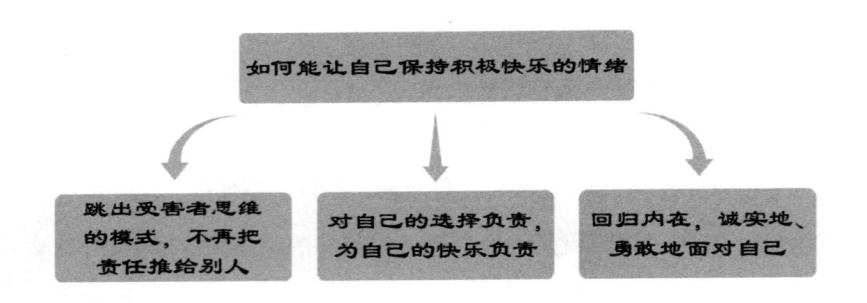

```
        如何能让自己保持积极快乐的情绪
         ↓              ↓              ↓
  跳出受害者思维    对自己的选择负责，   回归内在，诚实地、
  的模式，不再把    为自己的快乐负责    勇敢地面对自己
  责任推给别人
```

[说明部分]

在我们的一生中，我们会受到很多来自他人的伤害。面对这些伤害，我们会问"为什么"。

为什么要这么对我？

为什么要我来承受这一切？

为什么受伤的总是我？

我们把自己当成了受害者，觉得别人在伤害我，都是别人的错。

我们愤怒于别人的伤害，在心底里呐喊："为什么要这么对待我？为什么这么不公平？"我们苦苦地追着别人索要一个答案，但是所有发生的一切，都是因缘和合而来。我们对已经发生的事情也改变不了什么。

但是，我们可以选择去允许这一切的发生——相互指责，相互伤害，冤冤相报何时了。别人的错别人去改，但是我们自己对自己也要有一份责任。即使别人有错并不改正，我们也可以优雅转身。

为什么别人敢去伤害你，可能是你的忍让，可能是你没有守住自己的底线，可能是你把自己困在了糟糕的环境中。

即使我们遭受了不好的事情，我们也可以选择让自己快乐起来。我们要为自己的情绪、自己的人生负责任，更要智慧地担责、觉察、放松、臣服。那些糟糕的经历也可以成为你不断成长的契机，当我们内心强大了，我们就有能力跳出这些人事物，站在一个更高的维度去看待一切，那时候很多事就不再困扰你了。

[诵读训练]

◇ 我对自己的成长负责

- 别人的错让别人改,无论是否改变那都是他的事,如何应对才是我的事,我要对自己负责。

- 我的错当然要我自己改,我不把自己的埋怨和憎恨投射给别人,成长是我的事,我要对自己负责。

- 互相指责互相伤害,只能是冤冤相报不能了。

- 为什么受伤的总是我?那是因为我总是习惯把事件的责任推给别人,自己来扮演受害者,这样,我就可以不用再努力了。

- 就是因为这样,别人成了我受伤的开关。

- 只要我想躲,我就永远都会用别人来做我该承担责任的挡箭牌。

- 我必须接受这样做的结果,无论自己喜欢不喜欢。

- 没有人可以保证在成长的过程中一路欢歌笑语，磕磕绊绊才是常态。

- 我不让每一件事白白发生，我不让每一个人白白走过。

- 学而不思则罔，思而不学则殆。

- 我从不懊悔自己的过错，我懂得每天反思自己还有哪些可以做得更好。唯有如此，我才能在亲密关系里快乐地成长和进步。

◇ 我对自己的选择负责

- 学会对我自己的选择负责，这是我人生最重要的法则。

- 没有人逼迫我为了谁而付出什么，一切都是我的潜意识选择；没有人可以让我的内心变得更糟糕，一切都是我的潜意识选择。

- 如果我暂时没有快乐，那么至少要意识到，我选择了什么才导致了我的现状。

- 我选择自己生活一段时间，只有这样我才知道什么叫作孤单。

- 我选择自己生活一段时间，只有这样我才知道原来自己已经很富足。

- 我选择自己生活一段时间，只有这样我才知道自己想要的到底是什么。

◇ 我对自己的快乐负责

- 在亲密关系中总是存在我认为的不公平，我却无可奈何，做了许多无效的努力。

- 成年人要为自己的言谈举止负责，成年人更要为自己的快乐负责。

- 没有人会为我的快乐负责，快乐需要自己寻找和捍卫。即使一些事情不是我的错，我也要负起责任，因为我要为自己的快乐负责，快乐重于对错。

- 受伤是因为我没有对自己负责，我要向内反省自己。

- 遇到问题选择做受伤害的一方，可以不必担负责任，而且很享受。只是，我也错失了拥有承受因此带来的一切后果的能力，比如孤独、别人的侧目、自己内心的谴责。

- 我愿意承担责任，即使暂时我是不舒服的。

- 原本我以为，错都在你；但现在终于明白了，我自己也必须要负起一份责任。

- 我知道了，最大的错就是以为你在犯错。

- 负责是谦卑心的开始，也是放下我执的第一步，开启自我探索，向自己要答案。

- 今天开始，我愿意承认是我没有做到。

- 今天开始，我愿意邀请你来帮助我。

- 今天开始，我愿意接受你的指导和批评。

- 今天开始，我愿意诚实地对待自己。

- 今天开始，我愿意勇敢地对待自己。

- 我知道，这就是一直以来我没有做到的负起责任。

- 我同样知道，我愿意为自己人生的快乐负起百分百的责任。所有不如意、所有对我的伤害全部来自我自身的责任，是我同意了我可以不快乐，是我定义了受伤，需要改变的不是你，而是我自己。

- 觉知到这一切，回归我的内在，我完全承担责任，我完全臣服，不抱怨外部环境。

- 外面是我内在的镜子！很多事情都是我心念的呈现，都是心念在不断映射而造成的感受而已。

- 对我自己负责，做好我自己的事，我放松下来了，我的心情平静下来了。

35 敢于信任

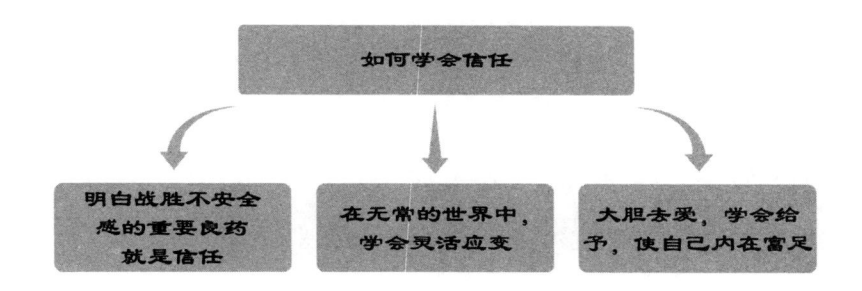

```
         如何学会信任
        ↙     ↓     ↘
明白战胜不安全   在无常的世界中，   大胆去爱，学会给
感的重要良药    学会灵活应变     予，使自己内在富足
就是信任
```

[说明部分]

我们常常不相信也拒绝去尝试自己从来没有尝试过的东西。

我们常常拒绝接受新鲜的事物。

我们不相信离婚了还能再收获美好的爱情。

我们觉得，如果身为两个孩子的母亲，就失去了选择伴侣的全部可能，不相信自己还有选择的权利。

我们觉得，选择不相信、逃避，把自己包裹在自以为安全的范围内我们就是安全的。这背后其实是深深的恐惧和防御，我们害怕我们敞开心扉后会受到伤害。

但是，这样一边生活一边限制自己的人生将是越活越狭窄的人生，在心里不由自主地给自己划掉了一些可能性。我们可以做的事情越来越少，生命的可能性越来越少，"新鲜""期待""希望""改变"这些词日渐远离自己的生活。

一直保持不设限、有期待、愿意改变的心态，那么即使你到了六七十岁，甚至接近生命的尾声，你的生命依然有活力。

其实，不是世界在拒绝你，而是你拒绝了世界。只要你愿意，就会有一扇门为你打开。

那些走过了逆境、为自己开辟新世界的人，都会有这样一种体验：只要坚定地去相信自己，努力地往前走，新的可能就出现在了前面。不设限、不主动去否定所有的可能性，人生就可能有很多奇迹发生。

你不相信你能幸福,幸福怎么会来呢?你把自己关于未来的选项都划掉了,哪来的未来呢?

[诵读训练]

◇ **放下防御,敢于信任**

- 让我缺乏安全感最大的障碍在于,我的信任在爱情中发生了动摇,需要做很多防御性的事去保证自己不活在恐惧里,但这并没有让我更幸福。

- 逃避和防御可以让我暂时地躲过恐惧,让自己生活在安全里,但是我不快乐。

- 活着不是为了避免什么,而是为了要成为什么,我知道自己会成为什么。

- 对于战胜不安全感的恐惧,唯一的万能良药就是要去信任,就像信仰一样,我相信自己,我相信自己的人生。

◇ 信任我自己的选择

- 信任是我的一种选择，是我的一种思维方向，信任会给我一种无穷的力量。

- 信任不需要前提，我可以当下选择信任与否。

- 信任不需要理由，我只需要调整自己的心念就可以做到。

- 我能信任多少，就能得到多少；过度担心和怀疑会让我裹足不前，反而失去更多。

- 迄今为止，我的人生并非总是苦恼连篇，当下是老天在我能承受的范围内所能给予我的最好生活，我信任我的宇宙世界。

- 信任自我的决定和选择，我就会有内心的安全感。

- 因为你的失信而造成的不愉快，不会影响我的信任。从中我会反思提升自己识人的能力，而不是简单地抛弃信任。

- 这世界本身就是无常的。在无常的世界中，灵活才是我生存的法宝。

- 呆板、顽固、死守不是信任的代名词。

- 我灵活应变，和我选择信任永远不矛盾。

- 我是因为自信和勇敢才能选择信任对方。

- 任何对于外界人和事的不信任都是不自信的外在表现。

- 无论选择的结果如何，一旦接纳了真实的自我，我才会心中坦然，才能够接纳你，才能接纳我们关系中的一切。

◇ 给予价值，让我更安全

- 如果确信安全感源于索取，我就总想从你那里要些什么、想得到些什么，我也就会忐忑不安，缺乏安全感。

- 当我给予的时候，为这份感情增加一些价值的时候，我就会感到踏实和心安。我相信，我的安全感是付出得来的，而不是索要来的。

- 这样，我内心的恐惧就会渐渐淡化、慢慢消失，转而开始信任，迈开步伐，大胆给予价值。

- 我会大胆去爱，如同从来没有受过伤害一样，我相信自己，我是安全的。

- 信任是我的事，自律是你的事，信任是我的一种人生态度。

- 应对匮乏本身需要的不是向你更多地索取，真正的富足永远来自我的内在。

- 我要调整我看待事情的眼光。

- 我会看到已有的，我选择信任自己，我学会对你感恩。

36 爱情宣言

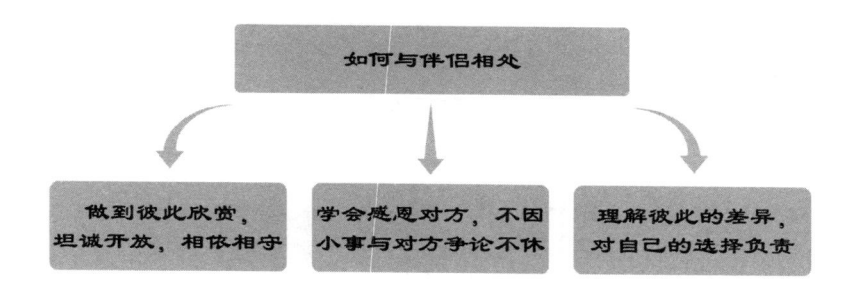

```
        如何与伴侣相处
    ↙         ↓         ↘
做到彼此欣赏,  学会感恩对方,不因   理解彼此的差异,
坦诚开放,相依相守  小事与对方争论不休  对自己的选择负责
```

[说明部分]

在爱的相处模式里,我们很容易陷入羁绊与缠绕里,逐渐窒息并走向衰亡。真正的爱是自由的,在彼此滋养里自由地呼吸,让彼此遇见更好的自己。同时,爱情也是有规则的,不可任性妄为。只有这样,才能让爱的吸引力和滋养一直存在,这样的爱才让彼此更有力量,一同面对这个未知的世界,温暖且不孤独。

这是一种灵魂的相吸、相伴、相融、相敬,是爱情修行路上最好的模样。

[诵读训练]

◇ 亲爱的，我们是从真善美的缘分里互相吸引而来

- 我们是生命中的兄弟姐妹。

- 我们能看到并欣赏彼此内在的光明、良善、丰富。

- 我们能够在平等的关系中互相信任、坦诚相待。

- 我们能清楚地沟通和表达，我们不伪装自己来取悦对方。

- 我们理解自己和对方的不完美，我们也接受自己和对方的不完美。

- 我们懂得，你就是我、我就是你。我们爱自己。

- 我们不会在无谓的琐事上争执不休，让彼此反复受伤受苦。

◇ 亲爱的，我们将在喜悦和感恩中学习该学到的功课

- 我可以从我过去受伤的情感经历中学会爱和宽恕。

- 我完完全全宽恕自己，我完完全全接受你。

- 我们能看清"爱"的真实和"恐惧"的虚幻，我们选择活出爱的真谛，绝不活在吵吵闹闹的恐惧幻象中。

- 我们选择从彼此的关系中看到自己的问题，并愿意成长，勇于改变。

- 我们能尊重彼此的独特性和自主性。

◇ 亲爱的，我们能理解并接纳彼此的差异性

- 我能做真实的自己，我也能表达真实的自己。

- 我用我的温柔看到你的温柔，我用我的光明看到你的光明，我用我的真实看到你的真实。

- 我在爱与理解中帮助彼此更自由、更快乐！

◇ **亲爱的，我经常自我反省，我为自己的选择负责**

- 我知道，未完成的梦想、获得满足的私欲是我自己的，而非你的。

- 当我接纳自己的不完美，而非要求你表现完美时，我们真正的爱才会展开！

- 我愿意拥有美好的伴侣关系，我值得拥有美好的伴侣。

- 我愿意敞开我的心扉，认清并放下我的恐惧。

- 我用敞开的心扉迎接我的理想伴侣。

- 我们可以同甘共苦，我要和你共享生命的丰富和喜悦。

◇ **亲爱的，我愿意陪伴你一起走过生命的磨炼**

- 我愿意与你携手，一起创造、共享幸福美好且丰足喜悦的人生。

- 我们能看到彼此内在的神圣和美好，我们互相鼓励和启发，互相欣赏和感激，并能以对方为荣。

- 我们之间最深的联结是心灵的感动，我们之间是和谐美好的亲密关系。

- 现在，我们已经在心灵的层面上互相沟通、彼此联结了！

- 祝福我们学业精进、事业繁荣、平安健康！

- 我知道，亲密关系的一切都是变化的，亲密关系的长久是两个人的选择，而非一个人的占有和掌控。

- 真正的爱是无条件的，是放手、给你自由来爱我。

心灵随笔

通过这一阶段的学习,相信你也有很多收获吧!输出才是自己的,把你的收获写在下面吧。

_____

_____

_____

_____

_____

_____

_____

_____

_____

_____

_____

_____

_____